Der Autor und das liebe Geld

Steuerratgeber für Autoren mit zahlreichen Praxisbeispielen

Annette Warsönke

Rechtsanwältin
Fachanwältin für Steuerrecht

Autorin von Steuerlehrbüchern
Dozentin
freie Lektorin (ADB),
wissenschaftliche Fachlektorin im Bereich
Steuern/Recht

www.ra-warsoenke.de

Annette Warsönke

Der Autor und das liebe Geld

Steuerratgeber für Autoren
mit zahlreichen Praxisbeispielen

Bibliografische Information der Deutschen Nationalbibliothek:
Die Deutsche Nationalbibliothek verzeichnet diese Publikation in der Deutschen Nationalbibliografie; detaillierte bibliografische Daten sind im Internet über http://dnb.dnb.de abrufbar.

Text und Cover:
© 2016: Annette Warsönke
c/o Papyrus Autoren-Club
Pettenkoferstr. 16-18 - 10247 Berlin
Tel.: 030 / 49997373
E-Mail-Adresse: ra_warsoenke@email.de
Homepage: www.ra-warsoenke.de

Lektorat: Anja Rieser (freie Lektorin ADM)

Herstellung und Verlag:
BoD – Books on Demand, Norderstedt

ISBN: 9 783741 281945

Inhalt

1. Einkommensteuer 23

1.1 Einkunftsart? 23

1.1.1 Selbständige Arbeit 23

1.1.2 Vorsicht vor Einkünften aus Gewerbebetrieb 24

1.1.3 Der angestellte Autor 28

1.1.4 Ich bin hauptberuflich Arbeitnehmer – muss ich eine Steuererklärung abgeben? 30

1.2 Zu viele Verluste - Liebhaberei 32

1.2.1 Gewinnerzielungsabsicht 32

1.2.2 Wie lässt sich Liebhaberei vermeiden? 33

1.2.3 „Rettungsanker" Betriebsaufgabe 36

1.2.4 Liebhaberei bei Zuschussverlagen 36

1.3 Einnahmen 38

1.3.1 Was muss ich versteuern? 38

1.3.1.1 Einnahmen aus Buchverkäufen 38

1.3.1.2 VG-Wort Tantiemen 39

1.3.1.3 Preisgelder aus Ausschreibungen und Stipendien 39

1.3.1.4 Einnahmen aus Lesungen und Vorträgen .40

1.3.1.5 Einnahmen aus „artverwandten Tätigkeiten".. 41

1.3.1.6 „Trinkgelder" 42

1.3.1.7 Steuerfrei dank Übungsleiterpauschale?.... 42

1.3.1.8 Steuerfrei dank Ehrenamt? 45

1.3.2 Wann muss ich meine Einnahmen versteuern? 46

1.3.3 Fristen zur Einkommensteuererklärung 48

1.3.4 Ich lebe in Deutschland, habe aber auch Einkünfte im Ausland 49

1.3.5 Ich lebe nicht in Deutschland, muss ich hier Steuern zahlen? 50

1.4 Ausgaben 52

1.4.1 Schriftstellerausbildung 52

1.4.1.1 als Erstausbildung oder Erststudium 52

1.4.1.2 als weitere Ausbildung/weiteres Studium und Fortbildung 53

1.4.2 Coaching, Lektorat, Korrektorat, Design 54

1.4.3 Reisen – Wohin und wofür? 54

1.4.3.1 Fortbildungen für Autoren 55

1.4.3.2 Recherchereisen 56

1.4.3.3 Sprachreisen für Autoren 57

1.4.3.4 Nicht ohne meine „bessere Hälfte" 59

1.4.3.5 Lesereisen 61

1.4.3.6 Schreibauszeiten 63

1.4.3.7 Reisen zur Kontaktpflege 64

1.4.4 Reisekosten 65

1.4.4.1 Fahrkosten 65

1.4.4.2 Verpflegung 69

1.4.4.3 Übernachtung 72

1.4.4.4 Doppelte Haushaltsführung 74

1.4.5 Bewirtungsaufwendungen 74

1.4.6 Bücher und Zeitschriften 77

1.4.6.1 Bücher anderer Autoren 77

1.4.6.2 Selbst geschriebene Bücher 78

1.4.6.3 Zeitungen und Zeitschriften 79

1.4.7 Werbung und „Goodies" 80

1.4.8 PC & Co – Abschreibungen 81

1.4.8.1 Sofortabschreibung 81

1.4.8.2 Abschreibung nach Nutzungsdauer 82

1.4.8.3 Abschreibung bei niedrigen Einnahmen oder drohender Liebhaberei 83

1.4.9 Reparatur und Wiederbeschaffung 86

1.4.10 Telefon 87

1.4.11 Internet 87

1.4.12 Homepage/Blog 87

1.4.13 Post 88

1.4.14 Schreibwerkzeug 88

1.4.15 Sonstige Kreativ-Hilfsmittel 88

1.4.16 Beiträge 89

1.4.17 Schuldzinsen 89

1.4.18 Kontoführungsgebühren 89

1.4.19 Steuerberatungskosten 90

1.4.20 Berufsrechtsschutzversicherung 91

1.4.21 Häusliches Arbeitszimmer und Büro 91

1.4.21.1 Häusliches Arbeitszimmer 91

1.4.21.2 Arbeitsmittel im Arbeitszimmer 94

1.4.21.3 Büro 94

1.4.22 Nicht abziehbare Vorsteuer 95

1.5 Einkommensteuererklärungen 95

1.5.1 Formular Anlage S 95

1.5.2 Gewinnermittlung 96

1.6 Einkommensteuer – Keine Panik! 97

2. Umsatzsteuer/Mehrwertsteuer ... 99

2.1 Regelbesteuerung oder Kleinunternehmer? .. 100

2.1.1 Vor- und Nachteile ... 105

2.1.1.1 Kleinunternehmer ... 105

2.1.1.2 Regelbesteuerer ... 107

2.1.2 Option zur Regelbesteuerung ... 108

2.1.3 Vorsicht vor ungewollten Optionen ... 109

2.2 Steuerfreie Umsätze ... 110

2.2.1 Umsatzsteuerfreie Autorenleistungen ... 111

2.2.1.1 Autoren als selbständige Lehrer ... 111

2.2.1.2 Autoren im Ehrenamt ... 113

2.2.2 Umsatzsteuerfreie Veranstalterleistungen ... 113

2.3 Lesungen und Vorträge außerhalb Deutschlands ... 115

2.4 Wie hoch ist die Umsatzsteuer? ... 118

2.4.1 Umsatzsteuer 19 % ... 118

2.4.2 Umsatzsteuer 7 % ... 119

2.4.3 Sonderfall Lesungen ... 119

2.4.4 Sonderfall Hörbuch ... 120

2.4.5 Umsatzsteuer auf Nebenleistungen ... 124

2.5 Wann muss ich meine Umsätze versteuern? . 125

2.6 Wie muss ich meine Rechnung stellen?......... 126

2.6.1 Kleinbetragsrechnung (§ 33 UStDV).......... 126

2.6.2 „große" Rechnung (§ 14 UStG) 128

2.7 Die Vorsteuer.. 130

2.7.1 Vorsteuererstattung nach den allgemeinen Regeln 131

2.7.1.1 Vorsteuer bei 100 % steuerpflichtigen Umsätzen................. 132

2.7.1.2 Aufteilung der Vorsteuer bei steuerpflichtigen und steuerfreien Umsätzen...... 132

2.7.2 Vorsteuer nach Durchschnittssätzen........... 135

2.8 Fristen zur Umsatzsteuer................................ 141

2.8.1 monatlich 141

2.8.2 vierteljährlich... 143

2.8.3 Jahressteuererklärung..................................... 144

2.9 Umsatzsteuererklärungen 146

2.9.1 Formular Umsatzsteuervoranmeldung........ 146

2.9.2 Formular Umsatzsteuerjahreserklärung 148

2.10 Umsatzsteuer – Keine Panik!........................ 150

3. Der Steuerbescheid.. 151

3.1 Grundlegendes zum Steuerbescheid.............. 151

3.1.1 Notwendige Bestandteile 152

3.1.2 Sonstige Bestandteile 153

3.2 Fehler im Steuerbescheid 157

3.2.1 Fehler bei notwendigen Bestandteilen 157

3.2.2 Sonstige Fehler 158

3.2.3 Was tun gegen Fehler im Steuerbescheid?..160

3.3 Einspruch gegen den Steuerbescheid 161

3.3.1 Form des Einspruchs......................................161

3.3.2 Einspruchsfrist..162

3.3.2.1 Fristbeginn 162

3.3.2.2 Fristende..167

3.3.2.3 Frist versäumt? – Wiedereinsetzung..........169

3.3.3 Hemmung der Zahlungsfrist 171

3.3.3.1 Antrag auf Aussetzung der Vollziehung..172

3.3.3.2 Antrag auf Stundung...................................173

3.3.4 Muster eines Einspruchs 173

3.3.5 Vorsicht Verböserung 176

3.3.6 Einzelfragen zum Einspruch 177

3.3.6.1 Änderungsbescheid.....................................177

3.3.6.2 Änderungsbescheid im laufenden Einspruchsverfahren 178

3.3.6.3 Erledigterklärung 180

3.3.6.4 Einspruchsentscheidung 181

3.4 Vorbehalts- und vorläufige Festsetzung 181

3.4.1 Steuerbescheid unter Vorbehalt der Nachprüfung 182

3.4.2 Vorläufige Festsetzung des Steuerbescheides 183

3.5 Änderungsvorschriften für Steuerbescheide. 184

3.5.1 Offenbare Unrichtigkeiten 184

3.5.2 Antrag auf „schlichte Änderung" 185

3.5.3 Aufhebung oder Änderung wegen neuer Tatsachen oder Beweismittel 187

3.5.4 Aufhebung oder Änderung wegen Mehrfachberücksichtigung 188

3.5.5 Aufhebung oder Änderung wegen eines rückwirkenden Ereignisses 189

3.6 Zinsen und Zuschläge 190

3.6.1 Nachzahlungs- und Erstattungszinsen 190

3.6.2 Verspätungszuschlag 192

3.6.3 Säumniszuschlag 193

3.7 Festsetzungsverjährung 193

3.8 Unklarheiten? – Verbindliche Auskunft 195

3.9   Steuerbescheid – Keine Panik!................197

4. Autorenkollektive 199

4.1 Zusammen schreiben – allein bleiben............199

4.2 Die Autoren-GbR 199

4.2.1 Allgemeines zur Autoren-GbR 200

4.2.2 Einkommensteuer..201

4.2.3 Grundlagen- und Folgebescheide................201

4.2.4 Umsatzsteuer...204

5.   Die ersten Schritte 205

5.1 Welche Steuernummer wofür? 205

5.1.1 Die Persönliche Identifikationsnummer.....205

5.1.2 Die Steuernummer 205

5.1.3 Die Umsatzsteuer Identifikationsnummer .206

5.1.4 Die eTin...206

5.2 Anmeldung Ihrer Autorentätigkeit 206

6. Künstlersozialkasse (KSK)................................211

6.1 Was bringt die KSK für Sie als Autor?...........211

6.2 Wer kommt rein?..212

6.2.1 Berufsgruppen 212

6.2.2 Art der Tätigkeit.................................. 213

6.2.3 Mindesteinkommen........................... 214

6.2.4 Vorsicht bei sonstigem Einkommen 216

6.3 Beitragssätze 216

6.4 Autoren als Auftraggeber und KSK 217

6.5 Weitere Informationen 218

7. Förderungen 219

7.1 Existenzgründungsförderung.................... 219

7.1.1 Voraussetzungen für den Antrag 219

7.1.2 Erfolgsaussichten beim Antrag 221

7.1.3 Höhe und Dauer des Zuschusses............... 222

7.1.4 Weitere Informationen 222

7.2   Liste Informations- und Förderungsmöglichkeiten 223

8. Hinweise für Ihren Steuerberater 225

8.1 Einkommensteuer 225

8.2 Umsatzsteuer 226

8.3 Steuerbescheid..................................... 226

8.4 Künstlersozialkasse................................ 227

9. Abkürzungsverzeichnis..................................228

Einleitung

Im Rahmen meiner langjährigen Tätigkeit als Autorin, Dozentin, freie Lektorin (ADM) und Beraterin im Bereich des Steuerrechts hatte ich auch viel mit anderen Autoren zu tun. Daraus ist eine Reihe von Vorträgen entstanden, in deren Verlauf immer wieder die Anregung kam: „Warum machst du daraus nicht ein Buch?", sowie meine Antwort: „Ich denk mal darüber nach."

Das Ergebnis halten Sie jetzt in den Händen.

Dieses Buch soll Ihnen einen Einblick in folgende Themenbereiche geben:

„Dem Steuerrecht entkommt niemand". Dieser Satz gilt auch für Sie als Autor. Deshalb ist es hilfreich, etwas über dessen Grundzüge zu wissen. Die wichtigsten Steuerarten sind die Einkommensteuer und die Umsatzsteuer (oft auch Mehrwertsteuer genannt).

Hier wird zuerst die Einkommensteuer behandelt: Welche Einkunftsart „erzielen" Sie als Autor? Welche Einnahmen müssen Sie versteuern? Was können Sie von der Steuer absetzen? Und welches Formular brauchen Sie?

Anschließend geht es weiter mit der Umsatzsteuer (Mehrwertsteuer): Sie erfahren etwas zum Thema Regelbesteuerung oder Kleinunternehmer sowie zur Fälligkeit der Steuer. Dann gibt es Einzelheiten zur Rechnungsstellung und zum Vorsteuerabzug sowie Hinweise zu den Formularen.

Auf die Steuererklärung folgt der Steuerbescheid. Dieser ist für den Laien oft verwirrend, und gerade dort besteht die Gefahr, dass Geld verloren geht. Denn statistisch jeder zweite Steuerbescheid fehlerhaft, und dies nicht immer zu Ihren Gunsten. Deshalb wird das Thema ausgiebig behandelt.

Sie möchten sich mit anderen Autoren zusammenschließen? Dann lesen Sie das Kapitel zur Autoren-GbR.

Aller Anfang ist schwer ... und wie sag ich´s dem Finanzamt, dass ich jetzt Autor bin?

Die Künstlersozialkasse: Was bringt sie mir? Wie komme ich rein? Wie bleibe ich drinnen? Muss ich als Künstler auch für andere Abgaben entrichten?

Ein Wort zur Förderung. Hier wird aus den zahlreichen Angeboten kurz die Existenzgründungsförderung der Bundesagentur für Arbeit skizziert. Und es gibt eine Liste anderer Fördermöglichkeiten.

Abschließend noch ein paar Hinweise, was Ihr steuerlicher Berater über das Alltägliche hinaus berücksichtigen sollte.

Hinweise: Dieses Buch kann und darf keinen Rechts- oder Steuerberater ersetzen. Ziel ist es jedoch, Ihnen ein Grundverständnis der Thematik zu verschaffen, damit Sie erkennen können, worauf zu achten ist und wie Sie sich den Umgang mit der Materie erheblich erleichtern können. Des Weiteren soll es Ihnen als Nachschlagewerk dienen.

Zu den §§ (Paragrafen): Das Buch ist so geschrieben, dass sich das Wesentliche aus dem Text erschließt. Für alle, die jedoch noch tiefer einsteigen oder im Gesetz nachlesen wollen, werden an vielen Stellen zu den jeweiligen Themen die einschlägigen Paragrafen zitiert.

Ich spreche in meinem Buch Autorinnen und Autoren sowie Schriftstellerinnen und Schriftsteller gleichermaßen an, beschränke mich aber aus Gründen der Übersichtlichkeit in der Regel auf „Autor".

Wenn Sie Fragen oder Anregungen haben, gerne per Mail an ra-warsoenke@email.de.
Ich freue mich auch über Ihren Besuch auf meiner Website www.ra-warsoenke.de. Dort finden Sie auch Neuigkeiten zum Buch sowie gegebenenfalls Ergänzungen und Hinweise.

Rechtliche Hinweise und Haftungsausschluss:

1. Steuerrechtliche Sachverhalte sind komplex und nicht zuletzt auch vom jeweiligen Einzelfall abhängig. Ferner spielt, neben Gesetzen und Richtlinien (Stand 2016), auch die Ermessensausübung des für Sie zuständigen Sachbearbeiters Ihres Finanzamtes bzw. Richters des Finanzgerichts eine wesentliche Rolle bei der Beurteilung eines rechtlichen Sachverhaltes.

   Die Inhalte in diesem Buch sind deshalb Tipps und keine rechtsverbindliche Beratung, sodass ich keinerlei Haftung übernehmen kann.

2. Die genannten Beispielsfälle sind fiktiv. Insbesondere die zur Darstellung der Rechnungen verwendeten Honorarbeispiele wurden aus rein didaktischen Gründen gewählt und stellen meinerseits keine Empfehlung zur Preisgestaltung dar.

3. Anregungen und Hinweise werden gerne entgegengenommen; ich werde jeweils darüber entscheiden, wie und ob diese einzubinden sinnvoll ist.

4. Alle Internetlinks und Verweise wurden auf Inhalt und Funktionsfähigkeit überprüft. Für ihren späteren Zustand kann jedoch keine Haftung übernommen werden.

1. Einkommensteuer

Hier beschränke ich mich aus Platzgründen auf die Teile, die Ihre Tätigkeit als Autor betreffen.

Hinweis: Das Einkommensteuergesetz (EStG) in seiner aktuellen Fassung finden Sie hier:
http://www.gesetze-im-internet.de/estg/
Die Einkommensteuerdurchführungsverordnung (EStDV) hier:
http://www.gesetze-im-internet.de/estdv_1955/

1.1 Einkunftsart?

Am Anfang steht die Frage nach der Einkunftsart. Diese ist wichtig, da hiervon die steuerliche Behandlung Ihrer Tätigkeit abhängt. Für Sie als Autor kommen nur drei Einkunftsarten in Betracht: Einkünfte aus selbständiger Arbeit, aus Gewerbebetrieb und aus nichtselbständiger Arbeit.

1.1.1 Selbständige Arbeit

In aller Regel üben Sie als Autor eine freiberufliche Tätigkeit aus und erzielen damit Einkünfte aus selbständiger Arbeit.

Nachzuschlagen ist das in § 18 Abs. 1 Nr. 1 EStG, der neben der wissenschaftlichen, künstlerischen, unterrichtenden und erzieherischen auch die schriftstellerische Tätigkeit als klassische Tätigkeit eines Freiberuflers nennt. Hierunter fallen nicht nur Autoren, sondern auch Journalisten, Dolmetscher, Übersetzer und ähnliche Berufe wie Lektoren.

Wie Sie als Selbständiger Ihren Gewinn ermitteln und dem Finanzamt mitteilen, erfahren Sie unter 1.5.

1.1.2 Vorsicht vor Einkünften aus Gewerbebetrieb

Wenn Sie ausschließlich als Autor oder anderweitig freiberuflich (z. B. als Lektor, Journalist, Dozent, Übersetzer etc.) tätig sind, dann ist das Folgende für Sie nicht relevant.

Wenn jedoch nicht das Schreiben als solches im Vordergrund steht, sondern gewerbliche Tätigkeiten wie Produktion und Vertrieb mehr Zeit in Anspruch nehmen, ist Vorsicht geboten. Dies kann zum Beispiel der Fall sein, wenn Sie Ihr Buch bei einem Dienstleister herausbringen und es in größerem Umfang in eigener Regie vertreiben. Ebenfalls, wenn Sie Ihr Buch in einem Eigenverlag verlegen.

Hier empfiehlt es sich, sich mit dem Finanzamt in Verbindung zu setzen und eine Vorabeinschätzung des Falls zu klären. Um hier für die Zukunft sicher zu sein, gibt es die Möglichkeit der Einholung einer verbindlichen Auskunft (3.8).

Hinweis: Keine Gefahr besteht, wenn Sie Ihr Buch beispielsweise über Amazon, bookrix, Libri, Neobooks, Tolino etc. vertreiben, da diese die Aufgaben Produktion und Vertrieb für Sie übernehmen.

Was wären für Sie die Folgen gewerblicher Einkünfte (§ 15 EStG)?

- Sie müssten als Gewerbetreibender ein Gewerbe anmelden.

- Sie müssen, wenn Sie mehr als 600.000 € Jahresumsatz bzw. 60.000 € Jahresgewinn (Einnahmen abzüglich Ausgaben) erzielen, eine Bilanz (§ 4 Abs. 1 EStG) aufstellen (§ 141 Abgabenordnung (AO)). Eine einfache Einnahmen-Überschuss-Rechnung (§ 4 Abs. 1 EStG) reicht dann nicht mehr.

Bei „Bilanzierungspflicht" müssen Sie Ihre Einnahmen nicht erst bei Geldeingang, sondern bereits bei Leistungserbringung/Rechnungsstellung als Forderung versteuern. Dies kann bei Nichtzahlung Ihrer Kunden einen Liquiditätsnachteil bedeuten.

- Sie müssen ab einem Gewinn von 24.500 € (§ 11 GewStG) Gewerbesteuer zahlen.

Die genannten Umsätze bzw. Gewinne klingen erst mal noch „Ganz weit weg" - aber: Die Einkünfte aus Gewerbebetrieb können die aus selbständiger Arbeit „infizieren". Dies bedeutet, dass dann alle Einkünfte, also auch die aus rein schriftstellerischer Tätigkeit, als Einkünfte aus Gewerbebetrieb versteuert werden müssen.

Eine Infizierung lässt sich nur dadurch vermeiden, dass beide Einkunftsarten von Ihnen getrennt gebucht werden. Wie das genau ablaufen soll, ist je nach Finanzamt verschieden.

Manche Ämter verlangen eine getrennte Einkünfteermittlung mit zwei verschiedenen Berechnungen.

Beispiel:

Schriftstellerei (freiberuflich):
Einnahmen: 10.000 €
Ausgaben: 1.000 €
Gewinn: 9.000 €

Verlag (gewerblich):
Einnahmen: 20.000 €
Ausgaben: 5.000 €
Gewinn: 15.000 €

Manche Ämter erlauben die Einkünfteermittlung in einer Rechnung mit anschließender prozentualer Aufteilung anhand der Einnahmen.

Beispiel:

Einnahmen aus Schriftstellerei (freiberuflich): 10.000 €
Einnahmen aus Verlag (gewerblich): 20.000 €
Ausgaben: 5.000 €
Somit Anteil gewerblicher Einkünfte: 2/3

Die zweite Methode hat den Vorteil, dass Sie nicht jede Ausgabe exakt zuordnen müssen (was oftmals auch gar nicht so einfach möglich ist).

Wie schon oben gesagt, empfiehlt es sich dringend, mit dem Sachbearbeiter Ihres Finanzamtes die genaue Vorgehensweise abzuklären.

Hinweis: Im Folgenden wird nicht auf die Besonderheiten der gewerblichen Einkünfte – z. B. die Gewerbesteuer – eingegangen. Die Kapitel über Betriebsausgaben (1.4) und über die Umsatzsteuer (2) gelten jedoch auch weitestgehend für kleinere Gewerbetreibende, die nicht bilanzieren müssen.

1.1.3 Der angestellte Autor

Sie müssen als Autor nicht unbedingt freiberuflich tätig sein, sondern können auch im Angestelltenverhältnis ihre Kreativität entfalten. Ob ein solches vorliegt, ist nach dem Gesamtbild zu beurteilen.

Merkmale, die für ein Angestelltenverhältnis sprechen (§ 19 EStG), sind insbesondere:

- Die Eingliederung in ein Unternehmen durch feste Arbeitszeiten und die Bereitstellung von Arbeitsplatz und Arbeitsmitteln. Damit eng verbunden ist die Weisungsgebundenheit in Bezug auf Ort, Zeit und Inhalt der Arbeit.

- Das Bestehen eines Urlaubsanspruchs sowie die Lohnfortzahlung bei Krankheit und Urlaub.

- Ferner die Vereinbarung überwiegend erfolgsunabhängiger Bezüge. Dies bedeutet nicht, dass an Arbeitnehmer nicht auch eine Erfolgsprämie gezahlt werden könnte. Sie darf nur nicht den Hauptteil der Entlohnung ausmachen.

Hinweis: Dieses Buch beschäftigt sich schwerpunktmäßig mit dem freiberuflichen Autor. Die Kapitel über die Betriebsausgaben (1.4) sind jedoch weitgehend auch für Sie von Bedeutung, wenn Sie als Autor in einem Angestelltenverhältnis tätig sind.

Zu beachten ist auch, dass Sie, wenn Sie nur wenige Ausgaben haben, ohne Einzelnachweis eine Pauschale von 1.000 € pro Jahr (Stand 2016) als Werbungskosten abziehen können (Arbeitnehmer-Pauschbetrag). Erst wenn Sie höhere Ausgaben geltend machen, müssen Sie diese durch Belege nachweisen.

Beispiel:

Einnahmen Arbeitnehmer: 10.000 €
Nachgewiesene Ausgaben: 500 €
Anzusetzen ist die Pauschale: 1.000 €

Beispiel:

Einnahmen Arbeitnehmer: 10.000 €
Nachgewiesene Ausgaben: 1.500 €

Anzusetzen sind die nachgewiesenen Ausgaben: 1.500 €

1.1.4 Ich bin hauptberuflich Arbeitnehmer – muss ich eine Steuererklärung abgeben?

Wenn Sie hauptberuflich als Arbeitnehmer tätig sind, müssen Sie nur dann keine Einkommensteuererklärung abgeben, wenn Sie aus Ihrer selbständigen Tätigkeit als Autor - insgesamt - nicht mehr als 410 € Gewinn (Einnahmen abzüglich Ausgaben) im Kalenderjahr erzielen. Dies ist zum Beispiel dann für Sie interessant, wenn Sie Neu-Autor sind, der eine Kurzgeschichte in einer Anthologie veröffentlicht hat und sich die Tantiemen mit zehn anderen Autoren teilen muss, oder wenn Ihr Buch erst langsam anläuft (§ 46 Abs. 2 Nr. 1 EStG).

Beispiel:

Jahreseinkommen angestellter Lektor: 30.000 €

Jahresgewinn aus Anthologieverkäufen: 200 €
Weniger als 410 € - keine Steuererklärungspflicht

Vorsicht: Wenn Sie nebenbei aber zum Beispiel noch eine Wohnung vermieten, und die Einkünfte aus Vermietung und Schriftstellerei zusammengerechnet 410 € übersteigen, dann müssen Sie eine Einkommensteuererklärung abgeben.

Beispiel:

Jahreseinkommen angestellter Lektor: 30.000 €

Jahresgewinn aus Anthologieverkäufen: 200 €
Jahresüberschuss aus Vermietung: 350 €
Zusammen mehr als 410 € - Steuererklärungspflicht

Zur Klarstellung: Sie müssen bei der Unterschreitung der 410-€-Grenze keine Steuererklärung abgeben, können dies jedoch, wenn Sie beispielsweise im Rahmen Ihrer Arbeitnehmertätigkeit nachweisbar Ausgaben hatten, die den Arbeitnehmer-Pauschbetrag von 1.000 € (1.1.3) übersteigen.

Es gibt neben den genannten noch weitere Fälle, in denen Sie eine Steuererklärung abgeben müssen. Diese sind in § 46 EStG aufgelistet und in der Regel wird Sie das Finanzamt auffordern, eine Steuererklärung einzureichen.

1.2 Zu viele Verluste - Liebhaberei

Liebhaberei in der Literatur ist ja eigentlich etwas Wunderbares. Unzählige Geschichten ranken sich darum. Doch kann Liebhaberei auch zu großen Problemen führen – nicht nur in den Dramen der schreibenden Zunft, sondern auch mit dem Finanzamt.

1.2.1 Gewinnerzielungsabsicht

Ein wichtiger Punkt, den Finanzämter bei Autoren und anderen künstlerisch Tätigen gerne im Auge behalten, ist die Gewinnerzielungsabsicht. Denn es kommt leider nicht selten vor, dass ein Buch mit großem Aufwand (Recherchereisen, Fachliteratur, Schreibtrainer) verfasst wird und dann nicht die erhofften Gewinne einspielt. Das Finanzamt akzeptiert hier zwar während einer Anlaufphase von in der Regel drei bis fünf Jahren auch sogenannte Anfangsverluste – wenn dann jedoch keine „schwarzen Zahlen" geschrieben werden, kann das zu Problemen führen. Das Finanzamt zweifelt dann an der Gewinnerzielungsabsicht und erklärt die schriftstellerische Tätigkeit zur „Liebhaberei". Das bedeutet für Sie, dass Anfangsverluste, die Sie in den vorangegangenen Jahren steuermindernd geltend gemacht haben, rückwirkend nicht mehr anerkannt werden und Sie gegebenenfalls Steuern nachzahlen müssen.

Gegen eine Gewinnerzielungsabsicht bei nebenberuflichen Tätigkeiten spricht, wenn ein anderer Beruf die Existenzgrundlage bildet und dieser es überhaupt erst ermöglicht, Verluste aus der künstlerischen Betätigung zu kompensieren. In diesen Fällen liegt es nahe, dass sich ein Freiberufler aus persönlichen Motiven und nicht in Gewinnerzielungsabsicht künstlerisch betätigt (FG München, 7 K 1731/07).

Das vollständige Urteil des Finanzgerichts finden Sie hier: http://openjur.de/u/480011.html

1.2.2 Wie lässt sich Liebhaberei vermeiden?

In jedem Fall ist es sehr wichtig, dass Sie den Überblick über Ihre Einnahmen und Ausgaben behalten. Wenn das Finanzamt zum Beispiel nach drei Jahren nachfragt, wann Sie denn „endlich" Gewinne verzeichnen und wie Sie sich Ihre weitere Tätigkeit vorstellen, dann hilft es oft, mit Zahlen und Offenlegung Ihrer Planung zu antworten:

- Sie können darlegen, dass Sie anfangs zur Verbesserung Ihres Schreibstils – und damit zur besseren Verkaufbarkeit Ihres Buches – Schreibkurse besucht haben.

- Sie können vorbringen, dass Sie ausführlich über Ihr Schreibthema recherchiert haben.

- Sie können vorbringen, dass Sie (aufgrund Ihrer Ausbildung, Ihres Berufs, sonstiger Erfahrungen) Experte für das von Ihnen behandelte Thema sind.

- Hilfreich ist auch, wenn Sie vorab die Marktchancen Ihres Projektes ermittelt haben (Verkaufszahlen vergleichbarer Werke, Trends, besondere Nischen etc.), denn dann beweisen Sie ähnliche Gewinnorientierung, wie Agenturen und Verleger.

- Auch das Schaffen bzw. Vorweisen von Werken, die für die erwerbswirtschaftliche Verwertung bestimmt sind, ist ein Argument für ernsthafte unternehmerische Absichten. Dazu zählen auch Werke, die derzeit ihr Dasein in Ihrer Schublade oder auf der Festplatte fristen, denn auch diese wurden ja nicht von vornherein „für die Schublade" geschrieben, sondern dafür, dass Sie Ihren Lebensunterhalt damit bestreiten können.

Kurzum, es hilft alles, was belegt, dass Sie Ihre Tätigkeit ernsthaft geplant und durchdacht haben.

Des Weiteren hilft es auch, Ihre Ausgaben zu verringern und dies dem Finanzamt darzulegen:

- Sie kaufen sich zukünftig nicht mehr alle zur Recherche notwendigen Bücher, sondern leihen sie sich in Bibliotheken oder ziehen Ihr Wissen vermehrt aus dem Internet.

- Sie gehen nicht oder nicht mehr selbst auf Recherchereise, sondern beziehen Ihre Kenntnisse aus der Literatur, durch Telefonate etc.

- Sie stellen Anschaffungen zurück und verwenden beispielsweise den schon etwas älteren, aber trotzdem noch für Ihre Tätigkeit ausreichenden Computer weiter.

- Sie machen von steuerlichen Gestaltungsmöglichkeiten dahin gehend Gebrauch, dass sich diese möglichst wenig gewinnmindernd auswirken.

  Hierfür bieten sich beispielsweise verschiedene Varianten der Abschreibung an, siehe hierzu 1.4.8.

All dies zeigt dem Finanzamt, dass Sie nicht weitere Verluste generieren wollen, sondern ernsthaft nach dem Erreichen der Gewinnzone streben.

Bei vielen Finanzämtern reicht es – zumindest für eine gewisse Zeit – wenn Sie nur gelegentlich mehr

Einnahmen als Ausgaben erwirtschaften, also „im Plus" sind.

1.2.3 „Rettungsanker" Betriebsaufgabe

Wenn jedoch nach weiteren zwei Jahren immer noch kein Gewinn in Sicht ist, sollten Sie sich überlegen, ob Sie das Unternehmen aus wirtschaftlichen Gründen für gescheitert erklären. Zum Beispiel, weil sich der Markt anders als ursprünglich gedacht entwickelt hat, weil die Sparte weggebrochen ist oder aus anderen Gründen die anfangs prognostizierten Verkaufszahlen nicht eingetreten sind. Der Vorteil bei einer wirtschaftlich begründeten, freiwilligen Betriebsaufgabe ist, dass dann Ihre Anfangsverluste nicht rückwirkend aberkannt werden.

1.2.4 Liebhaberei bei Zuschussverlagen

Nach einem Urteil des Finanzgerichts Rheinland-Pfalz vom 07.10.2013 (Aktenzeichen: 2 K 1409/12) sind Verluste, die Autoren eines Druckkostenzuschussverlages erzielen, steuerlich nicht absetzbar. Denn hier steht das Modell des Bezahlautors, der den Verlagsgewinn „einfährt", im Vordergrund.

Hierzu drei Stellen aus der Begründung:

„Um überhaupt mit Honoraren rechnen zu können, hätte der Kläger mehr als 1.000 Stück seines Werkes verkaufen müssen. Derartige Verkaufszahlen seien auch bei einem ‚aktiveren' Marketing des Verlages bei einem Erstlingswerk nicht zu erreichen gewesen."

„Bereits durch den Internetauftritt des Verlages werde deutlich, dass dessen vorrangiger Geschäftszweck in der Gewinnung von unbekannten Autoren liege, um aus der unmittelbaren Geschäftsbeziehung mit diesen Geld zu verdienen. Dem gesamten Internetauftritt des Verlages bzw. der Verlagsgruppe sei nicht zu entnehmen, dass überhaupt ein Vertrieb der verlegten Werke ernsthaft habe erfolgen sollen."

„Ebenso wenig hat der Kläger durch die Erstellung eines Betriebskonzeptes Überlegungen aufgezeigt, wonach sein Erstlingswerk der noch Verlust bringende Beginn eines weitergehenden literarischen Wirkens hat sein sollen. Allein die Hoffnung, für den Literaturmarkt „entdeckt" zu werden, reicht nicht aus."

Hinweis: Dies gilt nicht für andere Dienstleister, wie zum Beispiel BoD (Book on Demand http://www.bod.de/) oder Druckereien. Denn diese verlangen zwar auch Geld für ihre Leistungen, jedoch besteht in diesen Fällen ein angemessenes Preis-Leistungs-Verhältnis.

1.3 Einnahmen

Der nachfolgende Abschnitt bezieht sich auf Ihre Einnahmen und auf die Frage, ob und wann Sie diese versteuern müssen.

1.3.1 Was muss ich versteuern?

Autoren haben oftmals mehrere verschiedene Einnahmequellen, insbesondere:

1.3.1.1 Einnahmen aus Buchverkäufen

Hierunter fallen sowohl die Honorarzahlungen Ihres Verlags – einschließlich Vorschüsse und Abschlagszahlungen – als auch die Einnahmen, die Sie selbst durch Buchverkäufe, z. B. bei Lesungen, erzielen.

Hinweis: Die Bücher, die Sie von Ihrem Verlag gegen Entgelt erworben haben, können Sie als Betriebsausgaben steuerlich geltend machen. Mehr dazu weiter unten unter 1.4.6.2.

1.3.1.2 VG-Wort Tantiemen

Hierunter fallen alle Ausschüttungen, unabhängig davon, ob Sie selbst die Ansprüche gemeldet haben oder ob dies durch den Verlag geschehen ist, und er Ihren Anteil an Sie auszahlt.

Näheres zur Verwertungsgesellschaft Wort unter:
http://www.vgwort.de

1.3.1.3 Preisgelder aus Ausschreibungen und Stipendien

Auch diese sind einkommensteuerpflichtig. Hierbei ist es unerheblich, ob es sich um einen Wettbewerb mit eingereichten Texten handelt oder um einen Preis für das Lebenswerk. Entscheidend ist, dass Sie das Preisgeld durch Ihre – literarische – Leistung erzielt haben.

Wenn Sie jedoch Ihren Text bei einer Verlosung „abgegeben" haben und dann der aus der Lostrommel gezogene Gewinnertext einen „Preis" erhält, dann ist dieser nicht einkommensteuerpflichtig. Denn dann handelt es sich um einen „Gewinn" wie bei einer Lotterie, der nicht auf Ihrer eigenen schriftstellerischen Leistung beruht.

Bei Preisgeldern und Stipendien gibt es oft auch Hinweise vom Veranstalter, wie die Leistung steuerlich zu behandeln ist. Im Zweifel hilft meist auch ein kurzer Anruf.

1.3.1.4 Einnahmen aus Lesungen und Vorträgen

Auch Einnahmen, die Sie durch Lesungen und Vorträge erzielen, sind grundsätzlich einkommensteuerpflichtig. Hierunter fallen das Lesungs- und Vortragshonorar sowie an Sie vom Veranstalter ausgezahlte Auslagenerstattungen.

Bei den Auslagenerstattungen gibt es zwei Möglichkeiten der Darstellung:

- Sie verbuchen Ihre Auslagen (Fahrkosten, Übernachtungskosten, etc.), die Sie vom Veranstalter erstattet bekommen, als Einnahmen, setzen aber im Gegenzug auch die entsprechenden Betriebsausgaben bzw. Pauschalen an, siehe insbes. auch 1.4.3.5 und 1.4.4.

Oftmals kommt dann in Summe „unter dem Strich" null heraus; es kann aber auch sein, dass zum Beispiel Ihr Veranstalter einen höhere Fahrkostenpauschale als die 0,30 € pro Kilometer angesetzt hat, mit dem Ergebnis, dass Sie den Mehrbetrag als Einnahme versteuern müssen.

- Sie geben die voll erstatteten Reisekosten nur informativ in den beigefügten Unterlagen an.

Dann müssen Sie nur die Beträge, die steuerlich nicht absetzbar sind, also zum Beispiel den Mehrbetrag bei der Fahrkostenerstattung, in Ihrer Erklärung als Betriebseinnahmen angeben.

1.3.1.5 Einnahmen aus „artverwandten Tätigkeiten"

Wenn Sie als Autor Ihr Geld nicht nur durch das Schreiben und Lesen eigener Bücher verdienen, sondern auch durch andere Tätigkeiten, müssen auch die Einnahmen aus diesen Tätigkeiten von Ihnen versteuert werden. Dies sind beispielsweise Einnahmen aus:

- Schreibkursen und Schreibcoaching;

- Lektorats-/und Korrektoratsarbeiten;

- Ghostwriting;

- Jurytätigkeit.

1.3.1.6 „Trinkgelder"

Auch das kann vorkommen: Sie erhalten mehr Geld, als Sie verlangen, wollen das Restgeld zurückgeben und Ihr Gegenüber sagt „passt schon" oder „der Rest ist für Sie".

Was gut gemeint ist, hat aber für Sie als freiberuflicher Autor steuerliche Konsequenzen: Sie müssen das „Trinkgeld" als Einnahme versteuern.

Hinweis: Das gilt nur für freiberufliche Autoren.

Exkurs: Falls Sie Angestellter sind, sind Ihre Trinkgelder dann steuerfrei, wenn sie anlässlich einer Arbeitsleistung von Dritten bezahlt werden, die Zahlung freiwillig und ohne Rechtsanspruch erbracht wird und sie zusätzlich zu dem Beitrag gegeben werden, der für diese Arbeitsleistung zu zahlen ist. Dabei muss zwischen dem Trinkgeldgeber und dem Arbeitnehmer eine persönliche und unmittelbare Leistungsbeziehung bestehen.

1.3.1.7 Steuerfrei dank Übungsleiterpauschale?

In bestimmten Fällen ist es möglich, dass insbesondere für Ihre Lesung, Ihren Unterricht oder Ihren Vortrag die Übungsleiterpauschale (§ 3 Nr. 26 EStG) anwendbar ist. In diesem Fall sind im Jahr insgesamt 2.400 € steuerfrei (Stand 2016). An die

Tätigkeit werden dabei strenge Voraussetzungen geknüpft:

Erstes Kriterium ist die Art der Tätigkeit: Es muss sich um eine Tätigkeit als Übungsleiter, Ausbilder, Erzieher, Betreuer oder eine vergleichbare Tätigkeit handeln, um eine künstlerische Tätigkeit oder die nebenberufliche Pflege alter, kranker oder behinderter Menschen.

Nächstes Kriterium ist der Umfang der Tätigkeit: Es muss sich bei der Tätigkeit um eine nebenberufliche handeln. Das bedeutet, dass Ihre Arbeitszeit maximal ⅓ der regulären Arbeitszeit betragen darf. Es handelt sich hierbei jedoch nur um einen rein statistischen Wert, ein Hauptberuf ist dafür nicht notwendig.

Beispiel:

Reguläre Wochenarbeitszeit hauptberuflicher Lehrer: 39 Stunden
Maximal zulässige Wochenarbeitszeit nebenberuflicher Lehrer: 13 Stunden

---

Weiteres Kriterium ist der Leistungsempfänger: Es muss ein qualifizierter Empfänger der Arbeitsleistung vorliegen, also eine juristische Person des öffentlichen Rechts (z. B. Gemeinden, Gemeindeverbände, öffentlich-rechtliche Anstalten oder Stiftungen) oder eine gemeinnützige, mildtätige oder kirchliche Organisation (z. B. gemeinnütziger eingetragener Verein (e.V.) oder gemeinnützige GmbH (gGmbH)).

Beispiele für Tätigkeiten, die unter die Übungsleiterpauschale fallen, sind:

- Lesungen oder Vorträge an Volkshochschulen aus Ihren Fach- oder Sachbüchern. Hier ist Ihre Tätigkeit die eines Übungsleiters oder Ausbilders.

- Lesungen oder Vorträge mit Musik in Kirchen, die eine künstlerische Tätigkeit darstellen.

- Lesungen oder Vorträge in Altenheimen, was – nach Ansicht mancher Finanzämter – auch der Betreuung/Pflege alter Menschen dienen würde.

Es empfiehlt sich deshalb, mit Ihrem Vertragspartner abzuklären, ob die Lesung oder der Vortrag unter die Pauschale fallen könnte.

Hinweis: Sollten Sie für Ihre der Übungsleiterpauschale unterliegenden Tätigkeiten Aufwendungen haben, besteht für diese insoweit ein Abzugsverbot.

Wenn Ihre Aufwendungen jedoch die Übungsleiterpauschale (2.400 €) übersteigen, dürfen Sie diese ab einer Höhe von 2.400,01 € gegenrechnen (§ 3c Abs. 1 EStG).

Beispiel:

Einnahmen als Übungsleiter: 3.000 €
Ausgaben als Übungsleiter: 2.800 €

Einnahmen und Ausgaben wegen der Pauschale steuerlich nicht wirksam: 2.400 €

Einnahmen steuerlich wirksam: 600 €
Ausgaben steuerlich wirksam: 400 €

1.3.1.8 Steuerfrei dank Ehrenamt?

Wenn Sie sich für einen qualifizierten Leistungsempfänger – also eine juristische Person des öffentlichen Rechts (z. B. Gemeinden, Gemeindeverbände, öffentlich-rechtliche Anstalten oder Stiftungen) oder eine gemeinnützige, mildtätige oder kirchliche Organisation – ehrenamtlich betätigen, sind Ihre Einnahmen aus diesem Ehrenamt bis zu insgesamt 720 € im Jahr steuerfrei (Stand 2016) (§ 3 Nr. 26a EStG).

Es ist jedoch zu beachten, dass Übungsleiter- und Ehrenamtspauschale nicht kumuliert für die gleiche Tätigkeit in Anspruch genommen werden dürfen.

Steuerlich zulässig ist es jedoch beispielsweise, wenn Sie für Ihren gemeinnützigen Autorenverein als Kassenwart tätig sind (Ehrenamtspauschale) und für einen Vortrag die Übungsleiterpauschale in Anspruch nehmen.

Noch ein letzter **Hinweis:** Gerade gemeinnützige Vereine müssen sehr vorsichtig sein, um ihre Gemeinnützigkeit nicht zu gefährden. Dies gilt insbesondere für das Handeln des Vorstandes. Wenn beispielsweise ein Vorstandsmitglied laut Satzung seine Leistung „unentgeltlich" oder „ehrenamtlich" erbringen muss, dann kann auch eine „Entlohnung" in Höhe der Ehrenamtspauschale die Anerkennung der Gemeinnützigkeit insgesamt gefährden.

1.3.2 Wann muss ich meine Einnahmen versteuern?

Wann Sie Ihre Einnahmen versteuern müssen, hängt davon ab, wie Sie Ihren Gewinn ermitteln:

Als freiberuflicher Autor – oder kleiner (also: nicht bilanzierungspflichtiger) Verleger – werden Sie in der Regel nur eine einfache Einnahmen-Überschuss-Rechnung (§ 4 Abs. 3 EStG) aufstellen.

Betriebseinnahmen
– Betriebsausgaben
= Gewinn/Verlust

Bei dieser gilt dann das Zuflussprinzip. Die Einnahmen sind hier nicht schon dann zu versteuern, wenn Sie die Leistung erbracht haben oder die Rechnung gestellt wurde, sondern erst, wenn das Geld auf Ihrem Konto bzw. in Ihrem Geldbeutel gelandet ist (§ 11 EStG).

Beispiel:

Die Tantiemen für die Buchverkäufe 2012 und 2013 gehen erst 2014 auf Ihrem Konto ein. Sie müssen die Einnahmen deshalb erst 2014 versteuern.

Hinweis: Sollten Sie jedoch freiwillig bilanzieren, dann müssen Sie Ihre Einnahmen bereits mit Leistungserbringung/Rechnungstellung als Forderungen versteuern, auch dann, wenn das Geld noch nicht eingegangen ist.
Das gilt jedoch uneingeschränkt nur für die Einkommensteuer. Für die Umsatzsteuer ist hier die

Unterscheidung Ist-/Sollversteuerer zu beachten (siehe 2.1).

1.3.3 Fristen zur Einkommensteuererklärung

Ab 2017 gelten für die Einkommensteuererklärung folgende Fristen:

- Wenn Sie nicht von einem Steuerberater vertreten sind: der 31. Juli des Folgejahres.

    Hinweis: Das gilt erst ab der Steuererklärung für 2016 und später. Die Steuererklärungen bis einschließlich 2015 sind noch bis zum 31. Mai des Folgejahres einzureichen.

Aber keine Angst, wenn Sie es bis dahin nicht schaffen, weil Ihnen noch Unterlagen fehlen, Sie krank oder beruflich sehr eingespannt sind. Die meisten Finanzbeamten lassen mit sich reden und gewähren auf einen formlosen Antrag (per Post oder Telefon) Fristverlängerung.

Wenn Sie sich allerdings gar nicht melden und das Finanzamt deswegen Ihre Einkünfte schätzt, wird's teuer, da das Finanzamt dann Verspätungszuschläge (3.6.2) verlangt.

- Wenn Sie von einem Steuerberater vertreten sind: der 28./29. Februar des übernächsten Jahres.

Hinweis: Das gilt erst ab der Steuererklärung für 2016 und später. Die Steuererklärungen bis einschließlich 2015 sind noch bis zum 31. Mai des Folgejahres einzureichen.

1.3.4 Ich lebe in Deutschland, habe aber auch Einkünfte im Ausland

Grundsätzlich sind Sie in Deutschland mit Ihrem „Welteinkommen" einkommensteuerpflichtig (§ 1 EStG). Sie müssen somit für alle Ihre Einkünfte in Deutschland Steuern zahlen. Dies gilt beispielsweise für Lesungen, die Sie im Ausland durchgeführt haben und bei Büchern, die bei einem ausländischen Verlag erschienen sind.

Wenn Sie für Ihre Auslandseinkünfte im Ausland Einkommensteuer gezahlt haben, dann wird Ihnen diese nach §§ 34c, 34d EStG auf die deutsche Einkommensteuer angerechnet.

Hinweis: Die Steuerpflicht der entsprechenden Einkünfte im Ausland ist oft durch Doppelbesteuerungsabkommen (DBA) geregelt, die von Land zu Land unterschiedlich sein können und die gegenüber dem nationalen Einkommensteuergesetz vorrangig sind (§ 34c Abs. 6 S. 1 EStG). Dadurch kann eine abweichende Behandlung Ihrer ausländischen Steuern geboten sein.

Weitere Informationen sowie eine Liste aktueller DBA finden Sie hier:
http://www.bundesfinanzministerium.de
-> Startseite -> Themen -> Steuern -> Internationales Steuerrecht

1.3.5 Ich lebe nicht in Deutschland, muss ich hier Steuern zahlen?

Auch wenn Sie nicht in Deutschland leben, kann Sie in Deutschland die Steuerpflicht treffen. Wenn Sie zum Beispiel Ihr Buch bei einem Verlag in Deutschland verlegt oder Ihren Selbstverlag hier gegründet oder auch eine Lesung in Deutschland gehalten haben, dann sind Sie mit den aus diesen Tätigkeiten erzielten Einkünften in Deutschland beschränkt steuerpflichtig (§ 49 Abs. 1 Nr. 3 (Selbständige) bzw. Nr. 2 (Gewerbetreibende) EStG).

Die Einkommensteuer wird von Ihnen dann im Rahmen des Steuerabzugs durch den Vergütungsschuldner erhoben. Dies bedeutet, dass Ihr Vertragspartner (z. B. Verleger, Veranstalter) von Ihren Honoraren 15 % Einkommensteuer sowie 5,5 % Solidaritätszuschlag einbehält und diesen Betrag an das Finanzamt abführt (§ 50a Abs. 1 und 2 EStG).

Hier empfiehlt es sich für Sie als Autor, auf die Formulierung im Vertrag zu achten:

- Wurde ein Bruttohonorar vereinbart, dann behält Ihr inländischer Vertragspartner die Steuern von der vereinbarten Vergütung ein und zahlt Ihnen nur die Differenz aus.

- Wurde hingegen ein Nettohonorar vereinbart, dann zahlt Ihr inländischer Vertragspartner zusätzlich zum vereinbarten Honorar noch die Steuern an den deutschen Fiskus.

Für Lesungen und andere künstlerische, sportliche, artistische, unterhaltende und ähnliche Darbietungen gibt es jedoch eine Kleinbetragsregelung: Hier erfolgt der Steuerabzug erst dann, wenn die Einnahmen je Darbietung 250 € (ohne Umsatzsteuer) übersteigen.

Hinweis: Es kann aufgrund von Doppelbesteuerungsabkommen zu Besonderheiten kommen (§ 50d EStG). Genaueres dazu finden Sie unter anderem auf der Webseite des Bundeszentralamtes für Steuern:

http://www.bzst.de
-> Startseite -> Steuern International ->

Abzugsteuerentlastung bzw. -> Abzugsteuern gem.
§§ 50, 50a EStG

1.4 Ausgaben

Ihren Einnahmen stehen in der Regel auch Ausgaben gegenüber. Um diese geht es im folgenden Kapitel.

Ihre Aufwendungen müssen betrieblich veranlasst sein. Das Steuerrecht spricht hier von Betriebsausgaben (§ 4 Abs. 4 EStG), die sich in vielen Fällen steuerlich absetzen lassen. Welche Sie als Autor steuermindernd geltend machen können, erfahren Sie auf den folgenden Seiten.

1.4.1 Schriftstellerausbildung

Bei der Schriftstellerausbildung ist zu unterscheiden, ob Sie diese als Erstausbildung oder Erststudium durchführen oder im Anschluss daran.

1.4.1.1 als Erstausbildung oder Erststudium

Erlernen Sie Ihre schriftstellerischen Fähigkeiten im Rahmen einer Erstausbildung oder eines Erststudiums, so können Sie die Ausgaben dafür maximal in

Höhe von 6.000 € pro Jahr als Sonderausgaben geltend machen (§ 10 Abs. 1 Nr. 7 EStG).

Eine Ausnahme gilt, wenn die Erstausbildung oder das Erststudium im Rahmen eines Arbeitsverhältnisses erfolgt, in Vollzeit stattfindet und mindestens zwölf Monate dauert. Die von Ihnen getragenen Ausgaben sind dann als Werbungskosten absetzbar (§ 9 Abs. 6 EStG).

1.4.1.2 als weitere Ausbildung/weiteres Studium und Fortbildung

Wenn Sie Ihre schriftstellerische Tätigkeit nach Abschluss Ihres Erststudiums oder Ihrer Erstausbildung erlernen (Ausbildung) oder weiterentwickeln (Fortbildung), dann können Sie die hierfür anfallenden Kosten bei Ihrer freiberuflichen Tätigkeit als Betriebsausgaben ansetzen. Dies sind insbesondere:

- Studiengebühren, Kursbeiträge;

- Materialien, z. B. Fachliteratur, Schreibzeug;

- Reisekosten, hierzu 1.4.4.

Dies auch dann, wenn Sie Ihre Autorentätigkeit dann doch nicht ausüben. Wichtig ist es diesem Fall jedoch, dem Finanzamt explizit und nachvollziehbar darzulegen, was Sie ursprünglich geplant haben und warum es dann doch nicht geklappt hat. Bescheinigungen der entsprechenden Ausbildungsstellen über Kursinhalte und -umfang sind in einem solchen Fall in aller Regel sehr hilfreich.

1.4.2 Coaching, Lektorat, Korrektorat, Design

Wenn Sie bei der Erstfassung oder Überarbeitung Ihres Textes einen Coach benötigen, der mit Ihnen an Ihrem Projekt arbeitet, sind das für Sie Betriebsausgaben.

Wenn Sie ein Lektorat oder Korrektorat in Anspruch nehmen, das von Ihnen selbst und nicht von einem Verlag gezahlt wird, wenn Sie sich Ihr Cover entwerfen lassen oder jemanden mit dem „Aufhübschen" des Schriftbildes beauftragen, können Sie die Kosten hierfür als Betriebsausgaben absetzen.

Hinweis: Hier müssen Sie für den Beauftragten evtl. Beiträge zur Künstlersozialkasse abführen (siehe hierzu 6.4). Diese Beiträge sind für Sie ebenfalls Betriebsausgaben.

1.4.3 Reisen – Wohin und wofür?

Unter dieses Thema fallen alle Aktivitäten, die eine

Ortsveränderung mit sich bringen. Hier geht es erst mal nur um Ort und Zweck der Reise, die Reisekosten werden dann in 1.4.4 behandelt.

1.4.3.1 Fortbildungen für Autoren

Auch – und gerade – Sie als Autor müssen sich fortbilden. Die hierfür anfallenden Kosten sind Betriebsausgaben. Dies auch, wenn die Fortbildung nicht in nächster Nähe zu Ihrem Wohnort stattfindet, sondern zum Beispiel im Ausland durchgeführt wird. Dabei sind Fortbildungen im europäischen Ausland in der Regel kein Problem, doch auch weitere Reisen lassen sich gegebenenfalls begründen:

- Wenn für die Fortbildung gerade der entsprechende Dozent wichtig ist. Hier werden eine Liste der Veröffentlichungen des Dozenten sowie die Darlegung Ihrer schriftstellerischen Pläne und des positiven Effekts hierauf durch die Fortbildung hilfreich sein.

- Wenn die Fortbildung am effektivsten am gewählten Ort erfolgen kann bzw. anderweitig nicht durchgeführt wird oder werden kann. Beispielsweise dann, wenn speziell schriftstellerische Eigenheiten einer bestimmten Gegend erlernt werden sollen.

Es empfiehlt sich jedoch in allen Fällen, dem Finanzamt zusammen mit der Steuererklärung Belege einzureichen, die den Fortbildungscharakter der Veranstaltung erkennen lassen. Hierfür sprechen eine schlüssige Kursbeschreibung, ein straffer Stundenplan sowie die Referenzen des Veranstalters und der Referenten.

1.4.3.2 Recherchereisen

Die Recherche für ein existierendes oder bevorstehendes Thema gehört zum Alltag eines Autors, der authentisch über den Handlungsort schreiben will. Und Authentizität erhöht den Umsatz – ein Argument, das auch das Finanzamt interessiert. Bei Recherchereisen fallen beispielsweise an:

- Reiseführer, sowohl als Person oder auch als Fachliteratur;

- Dolmetscher, wenn Sie die Landessprache nicht oder nicht ausreichend beherrschen;

- Reisekosten, wie Fahrkosten, Übernachtung und Verpflegung (siehe 1.4.4).

Mit entscheidend für die Anerkennung durch das Finanzamt kann insbesondere sein, wie wichtig das recherchierte Thema für Ihr Projekt ist. Auch die

Dauer Ihrer Reise kann in diesem Zusammenhang ein Kriterium sein.

- Wenn Sie ein Fachbuch über Flora und Fauna des brasilianischen Regenwaldes schreiben, sollten Sie auch da gewesen sein.

- Eine Recherchereise nach Südafrika für einen Roman lässt sich eher begründen, wenn die komplette Handlung in dem Land spielt, als wenn Ihre Heldin dort nur einen kurzen Urlaub ohne handlungsrelevantes Geschehen macht.

Wenn das Finanzamt die Ernsthaftigkeit Ihres Vorhabens bezweifelt, empfiehlt es sich, zur Dokumentation beispielsweise den Verlagsvertrag einzureichen (in Kopie). Oder, als Selbstpublisher ein Konzept Ihres Romans oder Sach-/Fachbuchs.

1.4.3.3 Sprachreisen für Autoren

Auch Sprachkurse im In- und Ausland können steuerlich geltend gemacht werden, wenn diese mit einem existenten oder zukünftigen Projekt in Zusammenhang gebracht werden können. Gründe für einen Sprachkurs können insbesondere sein:

- Wenn die Übersetzung Ihres Manuskripts ansteht. Dies auch dann, wenn Sie es nicht selbst übersetzen, sondern die Übersetzung gegenlesen wollen, um feststellen zu können, ob diese auch den Ton Ihrer Geschichte trifft.

- Wenn es kein übersetztes Recherchematerial gibt, beispielsweise bei „exotischen" Ländern oder nicht so „gängigen" Themen.

- Wenn die Notwendigkeit besteht, in einem Land zu recherchieren, dessen Sprache Sie (noch) nicht können. Hier ist sowohl der Erwerb von Grundkenntnissen begründbar als auch von vertieften Kenntnissen. Gerade hier ist jedoch auch die Kosten-Nutzen-Relation zu beachten. So wird beispielsweise ein Sprachkurs für eine einmonatige Recherchereise eher zu begründen sein, als wenn Sie nur für drei Tage in das entsprechende Land reisen. Argument und Vergleichswert können die ansonsten für einen Dolmetscher anfallenden Kosten sein.

- In letzter Zeit ist bei einigen Finanzämtern zu beobachten, dass bei Sprachkursen immer mehr auf die Homogenität der Kursteilnehmer geachtet wird. Beispielsweise: Englisch für Geschäftsleute oder Französisch für Hotelmitarbeiter. Umso wichtiger ist es, gerade auch, wenn Sie keinen „homogenen Kurs" besucht haben, schon bei Einreichung der Unterlagen möglichst viele Argumente, die für den Nutzen der Sprachreise sprechen, aufzuzählen.

1.4.3.4 Nicht ohne meine „bessere Hälfte"

Rein arbeitstechnisch spricht nichts dagegen, Ehegatten oder Lebenspartner und Kinder mit auf Recherchereise zu nehmen. Das Finanzamt geht jedoch dann oftmals davon aus, dass die Reise in erster Linie als Familienurlaub der privaten Erholung dient.

Argumente für eine Notwendigkeit der Mitreise des Partners können sein:

- Wenn Ihr Partner, im Gegensatz zu Ihnen, die Landessprache beherrscht und er für Sie übersetzen kann.

- Wenn Ihr Partner über besondere Landeskenntnisse verfügt – beispielsweise weil er aus dem betreffenden Land stammt oder sich dort längere Zeit aufgehalten hat – und somit als vertrauter und kompetenter Reiseführer fungieren kann.

- Wenn Sie – gerade als Autorin – in ein Land reisen, in dem es ohne männlichen Begleitschutz für Sie nicht sicher ist.

- Wenn Sie gesundheitlich beeinträchtigt und deshalb auf die Unterstützung Ihres Partners angewiesen sind.

In den Fällen der notwendigen Mitreise kann es – je nach Argumentation und Finanzamt – durchaus möglich sein, dass Sie auch die Reisekosten für den Partner steuerlich geltend machen können.

Doch auch, wenn die Mitreise von Partner und evtl. Kindern nicht für die Erreichung des Recherchezwecks notwendig ist, so können in einigen Fällen – je nach Finanzamt – entweder die vollständigen oder zumindest Ihre Reisekosten absetzbar sein:

- Wenn es Ihnen nicht zumutbar ist, Ihre Kinder so lange alleine zu lassen. Dies wird gerade bei ganz kleinen Kindern der Fall sein.

- Wenn keine adäquate Betreuungsperson zur Verfügung steht, also insbesondere nicht der Partner, (Schwieger-)Eltern oder andere nahe Angehörige.

In anderen Fällen der Mitreise kann es durchaus auch möglich sein, die Reisekosten (für Sie) anteilig abzusetzen, sodass sich Ihre eigenen Reisekosten (anteilig) steuermindernd auswirken, während die Ihrer Angehörigen als nicht abziehbare Privatausgaben gelten. Dies ist dann der Fall, wenn Sie tagsüber mit Recherchearbeiten beschäftigt sind, während Ihre Mitreisenden ihren Urlaubsaktivitäten nachgehen. Hierfür benötigen Sie jedoch in der Regel Nachweise. Dies ist insbesondere durch folgende Maßnahmen möglich:

- Die Auflistung Ihrer Termine und deren Dauer;

- Die Dokumentation Ihrer Recherchetätigkeit und der dafür aufgewendeten Zeit;

- Bei Fortbildungen oder Sprachreisen hilft die Vorlage einer Kursbeschreibung und des Stundenplans, aus dem hervorgeht, dass die Fortbildung oder der Spracherwerb einen Großteil des Tages in Anspruch genommen hat.

Zu beachten ist jedoch gerade in den genannten Fällen, dass eine Anerkennung der Aufwendungen oftmals im Ermessen des Finanzbeamten liegt und deshalb von Fall zu Fall unterschiedlich gehandhabt werden kann.

1.4.3.5 Lesereisen

Lesungen sind für Sie als Autor eine der Kerntätigkeiten. Um eine Lesung erfolgreich durchführen zu können, sind oftmals Hilfsmittel und andere Aufwendungen nötig. Dies können insbesondere sein:

- Vom Verlag zum Autorenrabatt erworbene Bücher, die Sie als Autor – oft handsigniert – an Ihre Zuhörer weiterveräußern.

- Ein Lese- oder Schauspieltraining oder der Besuch eines Logopäden. Denn schließlich ist nicht jeder Autor ein geborener Entertainer und benötigt bei der großen Konkurrenz an Veranstaltungen jede Hilfe, die er bekommen kann.

- Die Beschaffung von Lesungsmaterialien/Requisiten, um Ihre Lesung zu untermalen und gewisse Effekte zu verstärken. Dazu zählen natürlich auch Kostüme.

- Die Erstellung von Werbematerialien (1.4.7)

- Die Verpflichtung einer Lesungsagentur, die bei der Beschaffung und Durchführung von Lesungen behilflich ist.

- Zur Lesung gereichte Aufmerksamkeiten, wie Getränke, Gebäck, etc.

Wenn diese Aufwendungen von Ihnen gezahlt wurden, dann können Sie sie als Betriebsausgaben geltend machen. Dies gilt auch dann, wenn Sie Ihnen im Anschluss vom Verlag erstattet werden und Sie die Erstattung als Einnahme verbucht haben (1.3.1.4).

1.4.3.6 Schreibauszeiten

„Ich pack mein Schreibzeug ein und bin dann mal weg." Schreibauszeiten sind eine wunderbare Möglichkeit, außerhalb der gewohnten Umgebung allein oder auch zusammen mit anderen Autoren seine Projekte voranzubringen. Und es besteht in vielen Fällen durchaus auch die Möglichkeit, dies steuerlich geltend zu machen. Ob und in welchem Umfang, hängt von Art und Ziel der Schreibauszeit ab:

- Schreibauszeiten mit Autorenkollegen dienen dem gegenseitigen Austausch und der Motivation, der gemeinsamen kritischen Arbeit an den jeweiligen Projekten der Teilnehmer oder auch an einem Gemeinschaftsprojekt.

- Schreibauszeiten allein sind insbesondere dann hilfreich, wenn Sie als Autor zu Hause ungünstige Schreibbedingungen, beispielsweise pubertierende Teenager, haben, und außerhalb Ihr Projekt durch zeitintensives Arbeiten einen großen Schritt weiterbringen wollen.

Auch die Wahl Ihres Schreibortes kann Einfluss auf die Absetzbarkeit der Schreibauszeit haben.

- Oft werden abgeschiedene Orte in Deutschland gewählt, fern vom Trubel der Großstadt.

- Aber auch eine Schreibauszeit im Ausland kann anerkannt werden, beispielsweise wenn Sie zum Schreiben den Schauplatz Ihrer Romanhandlung wählen, um das Flair des Ortes noch realitätsnäher darstellen und gegebenenfalls noch recherchieren zu können.

Generell gilt für Schreibauszeiten: Sie müssen

- die Motivation für die Wahl des Ortes ausführlich darlegen;

- Ihre Arbeitsweise während der Schreibauszeit beschreiben und auch den Projektfortschritt – im Vergleich zu dem, was Sie zu Hause erfahrungsgemäß schaffen – dokumentieren.

1.4.3.7 Reisen zur Kontaktpflege

Hierunter fallen insbesondere Reisen zu Tagungen von Schriftstellervereinigungen und Messen. Diese dienen in der Regel verschiedenen Zwecken:

- Dem fachlichen Austausch zwischen Autoren;

- Der Wahrung von Mitgliedschaftsrechten bei den obligatorischen Versammlungen und Abstimmungen;

- Der Öffentlichkeitswirkung des Vereins, z. B. bei Lesungen, was nicht nur dem Verein als solchem, sondern auch den Mitgliedern zugutekommt.

- Dem Aufbau und der Pflege von Kontakten zwischen Agenturen, Verlagen und Lesern auf Buchmessen.

1.4.4 Reisekosten

Reisekosten sind Fahrkosten, Aufwendungen für Verpflegung und Übernachtung sowie Pauschalen.

1.4.4.1 Fahrkosten

Es bestehen mehrere Möglichkeiten, Ihre betrieblich veranlassten Fahrkosten geltend zu machen (§ 4 Abs. 5 S. 1 Nr. 6 EStG).

1.4.4.1.1 Kilometerpauschale

Sie können pro gefahrenem Kilometer eine Pauschale von 0,30 € ansetzen. Dies muss nicht unbedingt der kürzeste Weg sein, sondern es kann auch der für Sie insbesondere zeitlich günstigste sein.

Beispiel:

Wegstrecke durch die Innenstadt: 20 km, 40 Minute
Wegstrecke Umgehungsstraße: 25 km, 30 Minuten

Angesetzt werden können: 25 km á 0,30 € = 7,50 €.

Wenn das Finanzamt nachfragt, hat sich das Einreichen eines Ausdrucks des Routenplaners bewährt.

Die Fahrkosten können Sie auch dann im Rahmen der Kilometerpauschale ansetzen, wenn Sie diese von Ihrem Geschäftspartner erstattet bekommen und die Erstattung gewinnwirksam verbucht haben.

Beispiel:

Erstattung nach km-Pauschale, als Einnahmen verbucht: 100 €
davon nach km-Pauschale als Betriebsausgaben absetzbar: 100 €
Steuerlich wirksam: 0 €.

Beispiel:

Erstattung liegt über km-Pauschale, als Einnahmen verbucht: 120 €
davon nach km-Pauschale als Betriebsausgaben absetzbar: 100 €
Nicht absetzbar und somit steuerlich gewinnerhöhend wirksam: 20 €.

Hinweis: Für Arbeitnehmer gilt lediglich die Pauschale von 0,30 € pro Entfernungskilometer, also die einfache Entfernungsstrecke vom Wohnort zum Einsatzort (also nicht: gefahrenem Kilometer hin und zurück).

1.4.4.1.2 Tatsächliche Kosten öffentliche Verkehrsmittel

Sie müssen nicht unbedingt die Kilometerpauschale ansetzen:

- Sie können beispielsweise auch die Preise für Tickets für die Nutzung öffentlicher Verkehrsmittel (Bus, Bahn, Flugzeug, …) geltend machen.

- Auch Kosten für das Taxi lassen sich absetzen. Dies ist insbesondere dann hilfreich, wenn Ihr Ziel mit den öffentlichen Verkehrsmitteln schwer zu erreichen ist oder Sie unhandliches Gepäck dabei haben.

1.4.4.1.3 Tatsächliche Kosten für Ihr eigenes Auto

Wenn Sie Ihr eigenes Auto zu mehr als 50 % für Ihre Autorentätigkeit betrieblich nutzen, wird es notwendiges Betriebsvermögen. Bei einer betrieblichen Nutzung zwischen 10 % und 50 % haben Sie diesbezüglich ein Wahlrecht, bei unter 10 % ist es notwendiges Privatvermögen.

Ist das Auto im Betriebsvermögen, hat das den Vorteil, dass Sie insbesondere steuerliche Abschreibungen geltend machen und Ausgaben, wie Tankbelege, Reparaturen, die Kfz-Versicherung sowie die Kfz-Steuer absetzen können. Allerdings müssen Sie, wenn Sie das Auto mit Gewinn verkaufen, diesen auch wieder versteuern.

Zum Nachweis der betrieblichen Nutzung müssen Sie entweder ein lückenloses Fahrtenbuch führen, in dem Sie alle betrieblichen und privaten Fahrten auflisten, wobei letztere als private Nutzungsentnahme zu versteuern sind.

Oder Sie machen von der 1-%-Regelung Gebrauch, was beutet, dass pro Monat 1 % vom Bruttolistenpreis von Ihnen als private Nutzungsentnahme zu versteuern ist.

Vorsicht: Die 1-%-Regelung kann insbesondere beim Erwerb eines preiswerten Gebrauchtwagens zu unerfreulichen Ergebnissen führen, da der Bruttolistenpreis derjenige für das Neufahrzeug ist. Zwar ist dank der „Deckelung" der als private Nutzungsentnahme zu versteuernde Betrag nicht höher als die für das Kfz geltend gemachten Betriebsausgaben, es kann jedoch sein, dass die Ausgaben „verpuffen".

Deshalb empfiehlt es sich, genau zu überlegen, ob Sie nicht entweder Fahrtenbuch führen oder das Kfz (soweit Sie es weniger als 50 % betrieblich nutzen) gänzlich aus dem Betriebsvermögen herauslassen und stattdessen von der km-Pauschale Gebrauch machen.

Hinweis: Als Entscheidungshilfe gibt es im Internet Firmenwagenrechner, mit denen Sie sich bequem kostenlos verschiedene Varianten durchrechnen lassen können.

1.4.4.2 Verpflegung

Wenn Sie im Rahmen einer geschäftlichen Reise mehre Stunden oder gar Tage von zu Hause weg sind, können Sie für denselben Ort maximal drei

Monate Verpflegungsmehraufwand geltend machen (§ 4 Abs. 5 S. 1 Nr. 5 EStG).
Dies sind im Inland (Stand 2016):

- Ab einer Abwesenheit von mehr als acht Stunden: 12 €;

- Für eine Abwesenheit von 24 Stunden: 24 €.

Im Folgenden die wichtigsten Fälle:

Für eine Abwesenheit von zwei Tagen, wenn an beiden Tagen zusammen insgesamt mehr als acht Stunden Abwesenheit bestehen:

12 € für den Tag der längeren Abwesenheit

Beispiel:

Tag 1: Beginn Abwesenheit: 22 Uhr = 2 Stunden
Tag 2: Ende Abwesenheit: 7 Uhr = 7 Stunden
Gesamt Abwesenheit = 9 Stunden

Verpflegungsmehraufwand anzusetzen für Tag 2: 12 €

Für eine Abwesenheit von zwei Tagen, wenn an jedem der beiden Tage mehr als acht Stunden Abwesenheit bestehen:

Für jeden der beiden Tage 12 €, somit 2 x 12 € = 24 €

Beispiel:

Tag 1: Beginn der Abwesenheit: 15 Uhr = 9 Stunden – 12 €
Tag 2: Ende der Abwesenheit: 10 Uhr = 10 Stunden – 12 €

Verpflegungsmehraufwand gesamt: 24 €

Für eine Abwesenheit von mehreren Tagen:

- 12 € für den Anreisetag ohne Prüfung der Mindestabwesenheit

- 24 € für volle Tage

- 12 € für den Abreisetag ohne Prüfung der Mindestabwesenheit

---

Beispiel:

Tag 1: Beginn der Abwesenheit: 20 Uhr – 12 €
Tag 2: vollständig abwesend (24 Stunden) – 24 €
Tag 3: Ende der Abwesenheit: 7 Uhr – 12 €

Verpflegungsmehraufwand gesamt: 48 €

Für Reisen ins Ausland gelten abweichende Pauschalen. Die einschlägigen Tabellen werden – meist – jährlich vom Bundesfinanzministerium herausgegeben. Die ab dem 01.01.2014 geltenden Pauschbeträge finden Sie hier:

http://www.bundesfinanzministerium.de
-> Startseite -> Service -> Publikationen -> BMF-Schreiben -> Suchtext: Verpflegungsmehraufwand

1.4.4.3 Übernachtung

Für Übernachtungen können Sie die – z. B. durch Hotelrechnungen – nachgewiesenen tatsächlichen Kosten ansetzen.

Jedoch nur die Übernachtung, nicht das Frühstück und sonstige Verpflegung.

Da durch die Pauschale für Verpflegungsmehraufwendungen Speisen und Getränke bereits abgegolten sind, müssen Sie die Kosten hierfür aus der

Hotelrechnung streichen.

Ist das nicht möglich, weil die Rechnung nur „Übernachtung mit Frühstück", „Halbpension" oder „Vollpension" ausweist, ist die Verpflegungspauschale für 24-stündige Abwesenheit (24 €) aus der Hotelrechnung herauszurechnen.

In der Hotelrechnung enthalten ist:

- Frühstück
 Von der Verpflegungspauschale (24 €) abzuziehen ist 1/5, somit 20 % = 4,80 €

- Mittagessen
 Von der Verpflegungspauschale (24 €) abzuziehen sind 2/5, somit 40 % = 9,60 €

- Abendessen
 Von der Verpflegungspauschale (24 €) abzuziehen sind 2/5, somit 40 % = 9,60 €

Hinweis: Die früher auch für Selbständige mögliche sog. Übernachtungspauschale, die das lästige Sammeln von Belegen erspart hat, gilt seit 01.01.2008 nur noch für Arbeitnehmer, nicht mehr für Selbständige.

1.4.4.4 Doppelte Haushaltsführung

Wenn Sie aufgrund Ihrer schriftstellerischen Tätigkeit außerhalb des Ortes Ihrer ersten Tätigkeitsstätte, z. B. für längere Projekte, einen eigenen Hausstand unterhalten und auch am Ort Ihrer ersten Tätigkeitsstätte wohnen (bleiben), können Sie die notwendigen Mehraufwendungen absetzen. Voraussetzung eines eigenen Hausstandes ist das Innehaben einer Wohnung sowie eine Beteiligung an den Kosten der Lebensführung.

Notwendige Mehraufwendungen sind insbesondere die Miete samt Nebenkosten und Familienheimfahrten einmal pro Woche (für letztere die Pauschale von 0,30 € pro gefahrenem Kilometer oder die tatsächlichen Kosten, siehe 1.4.4.1).

Hinweis: Während selbständig tätige Autoren die vollständigen Mehraufwendungen absetzen können, gibt es für Arbeitnehmer Höchstgrenzen: Sie dürfen maximal 1.000 € im Monat geltend machen, für Familienheimfahrten 0,30 € pro Entfernungskilometer.

1.4.5 Bewirtungsaufwendungen

Wenn Sie als Autor aus geschäftlichem Anlass essen gehen und die Rechnung auch für Ihre Geschäftspartner bezahlen, können Sie einen Teil der

Bewirtungskosten (70 %) steuerlich geltend machen.

Hinweis: Die 70-%-Beschränkung gilt nur für die Einkommensteuer, nicht jedoch für die Umsatzsteuer. Letztere können Sie in voller Höhe als Vorsteuer geltend machen (hierzu 2.7.1.1).

Für den Nachweis der betrieblichen Veranlassung nennt das Gesetz in § 4 Abs. 5 S. 1 Nr. 2 EStG die Kriterien, die ein Bewirtungsbeleg erfüllen muss:

- der Ort der Bewirtung,

- der Tag der Bewirtung,

- die Höhe der Aufwendungen;

diese ergeben sich bereits aus der Rechnung über die Bewirtung, die beizufügen ist.

Des Weiteren sind zu nennen:

- Der Anlass der Bewirtung. Hier genügt jedoch den meisten Finanzämtern die bloße Bezeichnung als „Geschäftsessen" nicht. Es sollte schon etwas genauer sein, z. B. Vertrags-, Marketingbesprechung, Lesungsvorbereitung , ...

- Die Teilnehmer der Bewirtung, also Sie selbst und die von Ihnen eingeladenen Personen.

Für die Gestaltung gibt es zwei Varianten:

- Sie lassen sich gleich von der Gaststätte einen „Bewirtungsbeleg" ausstellen, auf dem dann schon Felder für den Anlass der Bewirtung und die Teilnehmer vorhanden sind.

- Sie schreiben Anlass und Teilnehmer auf einem separaten Zettel und fügen die Rechnung der Gaststätte bei (Klammer, Kleber, Tacker, …).

Hinweis: Bei Rechnungen über 150 € (einschließlich Umsatzsteuer) verlangen die Finanzämter zusätzlich:

- Der Gastgeber, also Sie, müssen als Rechnungsempfänger separat auf der Rechnung mit Adresse angegeben werden.

- Zudem müssen die Umsatzsteuersätze angegeben und die konkreten Summen berechnet sein und das Restaurant muss seine Steuernummer (5.1.2) oder Umsatzsteueridentifikationsnummer (5.1.3) auf der Rechnung ausweisen.

- Der Wirt muss die Rechnung unterschreiben.

1.4.6 Bücher und Zeitschriften

Sowohl fremde als auch selbst geschriebene Bücher und E-Books sowie Zeitungen und Zeitschriften können unter Umständen Betriebsausgaben sein.

1.4.6.1 Bücher anderer Autoren

Autoren schreiben nicht nur Bücher, sondern (sollten) auch lesen. Die Anschaffung lässt sich in vielen Fällen von der Steuer absetzen:

- Bücher über das Schreiben und Veröffentlichen helfen Ihnen bei der Professionalisierung Ihrer Autorentätigkeit.

- Bücher zu Recherchezwecken für eigene Projekte, z. B. Bildbände, Reiseberichte, Sach- und Fachbücher.

- Bücher, die zu Ihrem Thema schon auf dem Markt sind – schließlich müssen Sie wissen, was die Konkurrenz schreibt (einige Literaturagenturen und Verlage verlangen Angaben zu ähnlichen Büchern explizit in ihren Projektfragebögen).

- Bücher Ihres Genres: Nicht nur zur Marktanalyse, sondern auch, um Ihren Stil zu verbessern (bekanntlich lernt man ja aus positiven wie auch aus negativen Beispielen).

- Bücher eines anderen Genres: Der berühmte „Blick über den Tellerrand" ist auch für Sie als Autor sehr wichtig; denn neue Ideen können die Marktchancen erheblich steigern.

- Bücher – potenziell – zukünftiger Verlage: Drum prüfe, wer sich ewig bindet ...

Doch auch, wenn Sie die Bücher nicht kaufen, sondern Mitglied in einer Bibliothek oder in einer Lesergemeinschaft sind, können Sie zumindest die Mitgliedsbeiträge und Ausleihgebühren von der Steuer absetzen.

1.4.6.2 Selbst geschriebene Bücher

Wenn dies nach Ihrem Verlagsvertrag zulässig ist, können Sie als Autor ihre eigenen Bücher vom Verlag zum Autorenrabatt erwerben. Wenn diese nicht zur rein privaten Verwendung gekauft wurden, können Sie die entstandenen Ausgaben steuermindernd geltend machen. Absetzbar ist, was der Lesergewinnung und -bindung dient, beispielsweise:

- für Lesungen/Signierstunden erworbene und dort weiterveräußerte Exemplare;

- kostenlose Exemplare für treue Stammleser;

- kostenlose Rezensionsexemplare;

- für Verlosungen zur Verfügung gestellte Exemplare;

- kostenlose Exemplare als Dank für Testleser und Recherchequellen;

- kostenlose Exemplare für Büchereien und andere Empfänger, die Sie so für Ihre Lesung gewinnen möchten.

Wichtig ist, dass Sie eine nach Erlös (entgeltlich/unentgeltlich), Zweck, Anlass unterteilte Liste führen und, wenn bekannt, sich auch die Namen Ihrer Abnehmer notieren. So können Sie dem Finanzamt auf Anfrage nachweisen, dass Sie die Bücher nicht alle verkauft, sondern diese anderweitig für Werbezwecke eingesetzt haben.

1.4.6.3 Zeitungen und Zeitschriften

Abgesetzt werden können:

- Zeitschriften über das Schreiben bzw. den Schreibbetrieb;

- Zeitschriften über Ihr Thema;

- Zeitschriften, die Ihre Zielgruppe liest.

- Doch auch tagesaktuelle Zeitungen werden von vielen Finanzämtern anerkannt, wenn Sie begründen, dass Ihre Werke auf aktuellen Ereignissen aufbauen, beispielsweise Lokales, Politik oder Verbrechen. Eine weitere Begründung kann die Tatsache sein, dass Sie die Literatur- und Kulturszene beobachten, sich über Veranstaltungen informieren oder Kritiken im Auge behalten, sei es über Ihre Konkurrenz oder gar über Sie selbst.

1.4.7 Werbung und „Goodies"

Sie haben Maßnahmen ergriffen, Ihr Buch oder Ihre Lesung noch bekannter zu machen? Diese lassen sich auch steuerlich absetzen. Steuerlich anerkannte Werbemaßnahmen sind beispielsweise:

- Visitenkarten

- Flyer, Plakate

- Autogrammkarten

- Anzeigen (z. B. in Zielgruppenpublikationen)

- „Goodies" wie Stifte, Tassen und T-Shirts

- oder was Ihnen sonst noch einfällt, um den Bekanntheitsgrad zu steigern.

1.4.8 PC & Co – Abschreibungen

Wenn Sie etwas für Ihr Unternehmen erwerben, ist es nicht immer möglich, das Erworbene sofort als Betriebsausgabe abzusetzen. Das Gesetz differenziert hier nach dem Wert des Gegenstandes – die „magische Grenze" sind 410 €.

Hinweis: Das gilt nur für die Einkommensteuer, nicht aber für die Umsatzsteuer (Vorsteuer). Die kann bereits bei Zahlung beim Finanzamt geltend gemacht werden (dazu später unter 2.7.1).

1.4.8.1 Sofortabschreibung

Bei bis zu 410 € Anschaffungskosten (netto, also ohne Umsatzsteuer/Mehrwertsteuer) handelt es sich um „geringwertige Wirtschaftsgüter" (GWG); deren Anschaffungskosten können im Jahr der Anschaffung sofort steuerlich wirksam als Betriebsausgaben abgesetzt werden (§ 6 Abs. 2 EStG).

Voraussetzung ist, dass die Wirtschaftsgüter einer „selbständigen Nutzung" fähig sind. Das ist dann der Fall, wenn man das Wirtschaftsgut „ohne die Hilfe eines anderen" gebrauchen kann.

- Ein Computer ist der selbständigen Nutzung fähig, weil er ohne die Hilfe eines anderen Gerätes genutzt werden kann.

- Ein Drucker, der ausschließlich über den Computer betrieben wird, kann dagegen nur mit diesem genutzt werden. Er ist deshalb Zubehör des Computers.

Hinweis: Bei der Sofortabschreibung ist für GWG über 150 € ein Verzeichnis anzulegen, aus dem der Tag der Anschaffung, die Anschaffungskosten sowie die Bezeichnung des GWG ersichtlich sind.

1.4.8.2 Abschreibung nach Nutzungsdauer

Über 410 € müssen Sie den Gegenstand auf dessen Nutzungsdauer über mehrere Jahre in gleichen Jahresbeträgen abschreiben (§ 7 Abs. 1 EStG).

Beispiel:

PC, amtliche Nutzungsdauer 3 Jahre,
Erworben: Februar 01
Kaufpreis: 720 €
Jahresabschreibung: 240 €

Abschreibung 01: 11 Monate: 220 €
Abschreibung 02: 240 €
Abschreibung 03: 240 €
Abschreibung 04 – Abschreibung für 1 Monat: 20 €
Abschreibung gesamt: 720 €.

Die Höhe der Abschreibungen für die einzelnen Wirtschaftsgüter ist in den Abschreibungstabellen des Bundesfinanzministeriums geregelt:

http://www.bundesfinanzministerium.de
-> Startseite -> Themen -> Steuern -> Steuerverwaltung & Steuerrecht -> Betriebsprüfung -> Afa-Tabellen -> (z. B.) Afa-Tabelle für allgemein verwendbare Anlagegüter.

Hinweis: Wenn sich die Nutzungsdauer eines Wirtschaftsguts durch außerplanmäßige Abnutzung oder Defekt verkürzt, dann kann eine außerplanmäßige Abschreibung vorgenommen werden. Dies ist gegenüber dem Finanzamt jedoch zu begründen.

1.4.8.3 Abschreibung bei niedrigen Einnahmen oder drohender Liebhaberei

Wenn sich die Betriebsausgaben bei sofortiger Abschreibung nicht vollständig auswirken, weil das Unternehmen im laufenden Jahr nicht so viele Einnahmen hat oder wenn gar das Problem der drohenden Aberkennung der Gewinnerzielungsabsicht (Liebhaberei) besteht (siehe hierzu 1.2), gibt es die Möglichkeit, durch eine moderatere Abschreibung gegenzusteuern. Nachfolgend Einzelheiten zur Regelabschreibung, zur Poolabschreibung und zum Verzicht auf die Sonderabschreibung.

Sie haben bei geringwertigen Wirtschaftsgütern (bis 410 €) die Möglichkeit, die Anschaffungskosten mehrere Jahre über die Nutzungsdauer des Gegenstandes abzuschreiben.

Beispiel:

Erwerb in 01.
Statt Sofortabschreibung bei geringwertigen Wirtschaftsgütern in 01: 300 €
Besser Verteilung auf die Nutzungsdauer (Regelabschreibung)
(hier) 3 Jahre – pro Jahr: 100 €
Minderung Verlust in 01: 200 €

Des Weiteren können Sie für GWG zwischen 150 € und 1.000 einen Sammelposten bilden und diesen über fünf Jahre abschreiben (§ 6 Abs. 2a EStG).

Beispiel:

Erwerb in 01:
Schreibtisch 350 €
Stuhl 250 €
Lampe 100 €

Für Schreibtisch und Stuhl statt Sofortabschreibung bei geringwertigen Wirtschaftsgütern: 500 €
Besser Einstellung in Sammelposten und Verteilung auf fünf Jahre
pro Jahr: 100 €
Minderung Verlust in 01: 400 €

Hinweis 1: Da die Lampe weniger als 150 € wert ist, ist sie in 01 sofort als Aufwand anzusetzen.

Hinweis 2: Wenn Sie sich in 01 für einen Sammelposten entscheiden, dann müssen auch alle GWG zwischen 150 € und 1.000 € dort eingestellt werden, also „ganz oder gar nicht".

Hinweis 3: Unabhängig von Ihrer Entscheidung 01 können Sie für in 02 erworbene Gegenstände wieder neu entscheiden, ob Sie 02 die Poolabschreibung oder eine andere Methode wählen.

Es besteht ferner die Möglichkeit, auf die Sonderabschreibung für außergewöhnliche Abnutzung zu verzichten:

Beispiel:

Bei Eintritt außergewöhnliche Abnutzung in 01 noch Rest-Nutzungsdauer 6 Jahre.
Statt Sonderabschreibung für außergewöhnliche Abnutzung: 600 €
Besser weiter reguläre lineare Abschreibung – pro Jahr: 100 €
Minderung Verlust in 01: 500 €

1.4.9 Reparatur und Wiederbeschaffung

Einen Schaden, den Sie nicht vom Verursacher, einer Versicherung oder einem Dritten erstattet bekommen, können Sie als Betriebsausgaben absetzen, wenn er betrieblich veranlasst ist, z. B.:

- Kleidung, die bei einer Lesung oder einem Vortrag verschmutzt oder beschädigt wurde.

- Reparatur- oder Wiederbeschaffungskosten für Ihr Auto für einen Schaden, der auf dem Weg zu einem Autorentermin entstanden ist.

- Reparatur Ihres Arbeitscomputers.

1.4.10 Telefon

Bei den Telefonkosten akzeptieren viele Finanzämter ohne Nachweis des Nutzungsanteils den Ansatz von 50 % betrieblicher und 50 % privater Nutzung.

Als Nachweise für einen höheren betrieblichen Anteil dienen insbesondere Einzelverbindungsnachweise.

Wenn Sie jedoch mehrere Telefone haben, dann wird es – gegebenenfalls mit Nachweis – in der Regel auch akzeptiert, wenn Sie mindestens eines dieser Telefone zu 100 % als betrieblich absetzen.

1.4.11 Internet

Hier gilt im Prinzip das Gleiche wie beim Telefon, das heißt ohne Nachweis 50 % geschäftlich, 50 % privat.

1.4.12 Homepage/Blog

Hier können Sie sowohl die erstmalige Erstellung Ihrer Website und Ihres Blogs ansetzen als auch die

Wartungskosten durch Webmaster oder Administrator sowie Hostinggebühren.

1.4.13 Post

Ausgaben für Porto (Post und Paketdienste) sowie für Briefumschläge etc.

Es empfiehlt sich, zum Nachweis eine Liste der Empfänger zu führen.

1.4.14 Schreibwerkzeug

Schreibutensilien, die Sie als Autor benötigen, wie Stifte, Papier, Karteikarten, Büroklammern, Diktiergerät, ...

1.4.15 Sonstige Kreativ-Hilfsmittel

Hierunter fällt alles, was sonst noch Ihrem Schreiben und Ihrer Kreativität dient, auch – mit entsprechender Begründung – nicht ganz „alltägliche" Hilfsmittel:

- Tarotkarten zum Plotten;

- Playmobilfiguren für Figurenaufstellungen;

- Genrespezifische Utensilien (z. B. Krimi, Erotik, ...).

1.4.16 Beiträge

Hierunter fallen insbesondere:

- Vereinigungen, wie die Mörderischen Schwestern, das Syndikat, DeLiA, ...;
- Gewerkschaften (VS – Verband deutscher Schriftstellerinnen und Schriftsteller).

1.4.17 Schuldzinsen

Wenn Sie zur Finanzierung Ihrer betrieblichen Projekte, z. B. für eine Recherchereise, einen Kredit/ein Darlehen aufgenommen haben, dann können Sie die dadurch entstandenen Zinsen (nicht jedoch den Tilgungsanteil) als Betriebsausgaben geltend machen.

1.4.18 Kontoführungsgebühren

Hier können Sie entweder pauschal 16 € geltend machen oder, wenn tatsächlich höhere Gebühren angefallen sind, diese.

1.4.19 Steuerberatungskosten

Ausgaben für Ihren Steuerberater im Zusammenhang mit Ihrer Autorentätigkeit, also beispielsweise

- Buchführung
- Einnahmen-Überschussrechnung
- Steuererklärungen
- Einsprüche
- Korrespondenz mit dem Finanzamt
- Fahrten zum Steuerberater und Finanzamt
- Fachliteratur, also auch dieses Buch.

Wenn Sie keinen Steuerberater haben, können Sie beispielsweise folgende Ausgaben absetzen:

- Buchhaltungssoftware
- Steuererklärungssoftware
- Fahrten zum Finanzamt
- Fachliteratur, also auch dieses Buch.

1.4.20 Berufsrechtsschutzversicherung

Wenn Sie sich gegen Rechtsstreitigkeiten im Zusammenhang mit Ihrer Autorentätigkeit versichern, dann können Sie die Beiträge steuerlich als Betriebsausgaben geltend machen.

1.4.21 Häusliches Arbeitszimmer und Büro

Wenn sie einen Raum zum Arbeiten benutzen, kommt es darauf an, ob sich dieser in Ihrer Wohnung/Ihrem Haus befindet, oder außerhalb.

1.4.21.1 Häusliches Arbeitszimmer

Das häusliche Arbeitszimmer kann von Ihnen als Autor unter den nachfolgenden Voraussetzungen (§ 4 Abs. 5 S. 1 Nr. 6b EStG) steuerlich geltend gemacht werden:

Es muss sich um einen abgeschlossenen Raum (keine „Schreibecke" im Wohnzimmer) handeln, der seiner Lage, Funktion und Ausstattung nach in Ihre häusliche Sphäre eingebunden ist und vorwiegend der Erledigung Ihrer gedanklichen, schriftlichen oder verwaltungstechnischen bzw. organisatorischen Arbeit als Autor dient.

Dazu zählen insbesondere:

- das gedankliche Konzipieren von Plot und Figuren;

- das Schreiben Ihrer Bücher;

- die Korrespondenz mit Agenturen, Verlagen, Lektoren, Lesern, Rezensenten, Bloggern, Lesungsveranstaltern, …;

- die Organisation Ihrer Veranstaltungen.

Der Raum muss sich in Ihrer Wohnung befinden.

Absetzbar sind Aufwendungen (Miete, dem Gebäude zuzurechnende Raumausstattung, Tapeten etc.) sowie Kosten der Ausstattung, wenn für die betriebliche und berufliche Tätigkeit (Autor) kein anderer Arbeitsplatz zur Verfügung steht.

Weiteres Kriterium ist die Frage: Bildet das Arbeitszimmer den Mittelpunkt der gesamten betrieblichen und beruflichen Betätigung?

- Wenn nur ein Teil der Arbeit zuhause erledigt wird, sind maximal 1.250 € im Jahr absetzbar.

- Wenn das häusliche Arbeitszimmer den Mittelpunkt bildet, dann sind die Aufwendungen ohne Begrenzung absetzbar.

Hinweis 1: Vorsicht ist beim Arbeitszimmer im eigenen Haus geboten. Das wird nämlich, wenn Sie es für Ihr Unternehmen nutzen und die Ausgaben steuerlich geltend machen, zum Betriebsvermögen. Bei Hausverkauf, Aufgabe der betrieblichen Nutzung oder Einstellung der Tätigkeit kann für das Arbeitszimmer (= betriebsnotwendiges Vermögen) ein Entnahmegewinn entstehen.

Beispiel:

Entnahmewert Arbeitszimmer 60.000 €
- Buchwert Arbeitszimmer 35.000 €
= Entnahmegewinn 25.000 €.

Eine Ausnahme gilt dann, wenn der Wert des Zimmers nicht mehr als ein Fünftel (20 %) des gemeinen Werts des gesamten Grundstücks und nicht mehr als 20.500 € beträgt.

Beispiel:

Wohnung 100 qm,
Arbeitszimmer 15 qm (15 %).
Gemeiner Wert Wohnung 100.000 €,
Anteil Arbeitszimmer 15.000 €.

Dann müssen Sie das Arbeitszimmer nicht als Betriebsvermögen behandeln, können jedoch auch nicht die Kosten dafür als Betriebsausgaben absetzen (§ 8 EStDV).

Hinweis 2: Falls Sie für Ihr Haus eine anderweitige Förderung erhalten, empfiehlt es sich, zu prüfen, ob sich die steuerliche Geltendmachung des Arbeitszimmers möglicherweise schädlich auf die Förderung auswirkt. Hinweise dazu finden Sie meist in den entsprechenden Verträgen, oder Sie fragen vor Ansatz als Arbeitszimmer Ihren Förderungsberater.

1.4.21.2 Arbeitsmittel im Arbeitszimmer

Arbeitsmittel, wie Drucker, Kopierer, Fax, Schreibtisch etc. fallen nicht unter die für das Arbeitszimmer geltenden Einschränkungen. Sie sind unbeschränkt abziehbar.

1.4.21.3 Büro

Wenn Sie außerhalb Ihrer Wohnung/Ihres Hauses für Ihre Tätigkeit als Autor einen Raum gemietet haben, besteht die Möglichkeit, die Kosten hierfür (Miete und Nebenkosten) vollständig als Betriebsausgaben abzusetzen. Die Beschränkungen für das häusliche Arbeitszimmer gelten dann nicht.

1.4.22 Nicht abziehbare Vorsteuer

Auch nichtabziehbare Vorsteuer ist als Betriebsausgabe abziehbar. Um was es sich genau handelt und ob/wann es Sie betrifft (Umsatzsteuerlicher Regelbesteuerer (2.1.1.2) mit steuerfreien Ausschlussumsätzen (2.2.1)), erfahren Sie unter 2.7.1.2.

1.5   Einkommensteuererklärungen

Nachfolgend das Wichtigste zu den Einkommensteuerformularen und Formalitäten.

Fett gedruckt = Zeile im Formular
Normal gedruckt = meine Erläuterungen.

1.5.1 Formular Anlage S

Für Ihre Einkünfte aus Autorentätigkeit/Schriftstellertätigkeit benötigen Sie die **Anlage S – Einkünfte aus selbständiger Arbeit** zur Einkommensteuererklärung.

Gewinn aus freiberuflicher Tätigkeit

Dort hinein schreiben Sie Ihren Gewinn (oder Verlust (mit Minus-Zeichen)) aus Ihrer Tätigkeit als Autor/Schriftsteller.

Gewinn aus Beteiligung (Gesellschaft)
Wenn Sie an einer Autoren-GbR (4) beteiligt sind, gehört der Gewinn, den Sie daraus erzielen, in dieses Feld.

1.5.2 Gewinnermittlung

Die Gewinnermittlung erfolgt bei selbständigen Autoren durch eine einfache Überschussrechnung. Sie buchen Einnahmen (1.3), wenn das Geld zugeflossen ist (Kontoeingang oder in Ihrem Geldbeutel) und Ausgaben (1.4), wenn Sie bezahlt haben (Kontoabgang oder Ausgang aus Ihrem Geldbeutel). Hier gibt es nur wenige Ausnahmen, die wichtigste davon ist die Abschreibung, die in 1.4.8 genauer behandelt wird.

Am Jahresende sieht das, wenn Sie Kleinunternehmer sind (2.1), dann so aus:

Einnahmen
- Abschreibungen (jahresanteilig)
- Ausgaben (sofort abziehbar)
= Gewinn/Verlust

Wenn Sie umsatzsteuerpflichtig (2.1) sind, kommen noch Umsatzsteuer (2.4) sowie Vorsteuer (2.7.1) und/oder Vorsteuer nach Durchschnittssätzen (2.7.2) dazu:

Umsatzsteuerfreie Einnahmen
+ Einnahmen zu 7 % (netto)
+ Einnahmen zu 19 % (netto)
+ Umsatzsteuer 7 %
+ Umsatzsteuer 19 %
- Abschreibungen (jahresanteilig)
- Ausgaben (sofort abziehbar)
- abziehbare Vorsteuer (7 %)
- abziehbare Vorsteuer (19 %)
- Vorsteuer nach Durchschnittssätzen
= Gewinn/Verlust

Hinweis: Das sind natürlich nur grobe Schemata, die Sie dann mit den einzelnen Posten „mit Leben füllen müssen", indem Sie z. B. Ihre Ausgaben nach Gruppen aufteilen.

1.6 Einkommensteuer – Keine Panik!

Lassen Sie sich als steuerlicher Laie nicht abschrecken. Und haben Sie keine Angst, dass ein Fehler Ihrerseits negative Konsequenzen haben könnte. Denn Sie reichen mit Ihrer Steuererklärung ja immer auch (Kopien) Ihrer Unterlagen mit ein. Diese sieht Ihr Sachbearbeiter durch und erkennt, wenn

Ihnen ein Fehler unterlaufen ist. Er korrigiert diesen dann – gegebenenfalls nach Rückfrage bei Ihnen.

Lassen Sie sich also nicht abschrecken und davon abhalten, z. B. Ihre Sprachreise überhaupt anzugeben. Denn es besteht – je nach Sachbearbeiter – immer die Möglichkeit, dass sie doch anerkannt wird. Und diese Möglichkeit nehmen Sie sich, wenn Sie es erst gar nicht versuchen.

Sie sind der kommunikative Typ? Bei vielen Finanzämtern ist es auch möglich, die Steuererklärung persönlich vorbeizubringen und mit dem Sachbearbeiter die Ihnen problematisch erscheinenden Punkte durchzugehen. Oder Sie greifen zum Telefon und stellen ihm Ihre Fragen.

2. Umsatzsteuer/Mehrwertsteuer

Hinweis: Das Umsatzsteuergesetz (UStG) in seiner aktuellen Fassung finden Sie hier:
http://www.gesetze-im-internet.de/ustg_1980/
Die Umsatzsteuerdurchführungsverordnung (UStDV) hier:
http://www.gesetze-im-internet.de/ustdv_1980/

Umsatzsteuer, Mehrwertsteuer, Vorsteuer, was ist das eigentlich?

Die Umsatzsteuer, auch Mehrwertsteuer genannt, wird auf nahezu jeden Umsatz als Autor erhoben, also immer dann, wenn Sie Leistungen erbringen (Verkauf von Büchern, Lesungen etc.).

Sie müssen im Gegenzug auch für Gegenstände oder Leistungen, die Sie für Ihren Betrieb als Autor benötigen, Umsatzsteuer bezahlen. Da die Umsatzsteuer jedoch „nur" den Endverbraucher belasten soll, können Sie sich die an andere Unternehmen gezahlte Umsatzsteuer = Vorsteuer vom Finanzamt wieder erstatten lassen.

Umsatzsteuer =

- Auf Ihrer Rechnung

- von Ihren Kunden an Sie gezahlt;
- von Ihnen an das Finanzamt abzuführen.

Vorsteuer =

- Auf der Rechnung Ihres Lieferanten
- von Ihnen an diesen zu zahlen;
- Sie können diese für Ihre betrieblichen Ausgaben vom Finanzamt erstattet erhalten.

Mehr zur Vorsteuer unter 2.7.

2.1 Regelbesteuerung oder Kleinunternehmer?

Vorab ist zu klären, ob Sie Kleinunternehmer oder Regelbesteuerer sind. Dies richtet sich nach Ihren Umsätzen im vorangegangenen sowie im laufenden Kalenderjahr.

Kleinunternehmer ist nach § 19 UStG derjenige, dessen steuerpflichtiger Umsatz zuzüglich Umsatzsteuer:

- im vorangegangenen Kalenderjahr nicht mehr als 17.500 € beträgt **und**

- im laufenden Kalenderjahr voraussichtlich nicht mehr als 50.000 € betragen wird.

Hinweis: Umsatzsteuerfreie Umsätze gehören also nicht zum Gesamtumsatz. Mehr zu umsatzsteuerfreien Umsätzen erfahren Sie unter 2.2.

Nachfolgend ein Beispiel, das die Auswirkungen der Umsätze über mehrere Jahre zeigt:

Beispiel 1a:

Sie haben im Gründungsjahr 01 einen steuerpflichtigen Jahresumsatz von weniger als 17.500 € erzielt und erwarten im Folgejahr 02 nicht mehr als 50.000 € Umsatz:

Konsequenz:
Für Sie gilt 01 und 02 die Kleinunternehmerregelung.

Beispiel 1b:

Sie sind davon ausgegangen, dass Sie im Gründungsjahr 01 nicht mehr als 17.500 € steuerpflichtige Einnahmen erzielen. Wider Erwarten werden es jedoch mehr.

Konsequenz:
Für das Gründungsjahr 01 bleibt Ihnen trotz der Mehreinnahmen der Kleinunternehmerstatus erhalten.
Ab Januar des Folgejahres 02 unterliegen Sie jedoch automatisch der Regelbesteuerung.

Hinweis 1: Da das Gründungsjahr das Erst-Jahr ist, existiert noch kein Vorjahreswert. Der voraussichtliche Umsatz ist deshalb durch Schätzung zu ermitteln.

Hinweis 2: Wenn Sie im ersten Jahr nur einen Teil des Jahres tätig waren, wird der Umsatz auf das volle Jahr (12 Monate) hochgerechnet.

Beispiel 2:
(Fortführung von Beispiel 1a)

Sie haben im vorangegangenen Jahr 03 einen steuerpflichtigen Jahresumsatz von weniger als 17.500 € erzielt und erwarten im laufenden Jahr 04 nicht mehr als 50.000 € Umsatz.

Konsequenz:
Es bleibt für Sie 03 und 04 bei der Kleinunternehmerregelung.

Beispiel 3a:
(Fortführung von Beispiel 2)

Sie haben im vorangegangenen Jahr 05 einen steuerpflichtigen Jahresumsatz von mehr als 17.500 € erzielt und erwarten im laufenden Jahr 06 nicht mehr als 50.000 € Umsatz:

Konsequenz:
Für das vorangegangene Jahr 05 bleibt Ihnen trotz der Mehreinnahmen der Kleinunternehmerstatus erhalten.
Ab Januar des 06 unterliegen Sie jedoch automatisch der Regelbesteuerung.

Beispiel 3b:
(Fortführung von Beispiel 2)

Sie haben im vorangegangenen Jahr 05 einen steuerpflichtigen Jahresumsatz von weniger als 17.500 € erzielt und erwarten im laufenden Jahr 06 mehr als 50.000 € Umsatz:

Konsequenz:
Für das vorangegangene Jahr 05 bleibt Ihnen der Kleinunternehmerstatus erhalten.

Ab Januar 06 unterliegen Sie jedoch der Regelbesteuerung.

Beispiel 4a:
(Fortführung von Beispiel 3)

Sie haben im Jahr 07 einen steuerpflichtigen Jahresnettoumsatz von als 16.500 € erzielt und erwarten im Folgejahr 08 nicht mehr als 50.000 € Umsatz.

Konsequenz:
Zwar liegt Ihr Vorjahresumsatz auf den ersten Blick unter der Kleinunternehmergrenze. Jedoch muss beim Übergang von Regelbesteuerung zum Kleinunternehmer der Umsatzsteueranteil berücksichtigt werden, da er zum Gesamtumsatz gehört.

16.500 € Nettoumsatz aus:
     12.500 € Buchverkäufe
     4.000 € Coaching
+ 1.635 € Umsatzsteuer aus:
     875 € zu 7 %,
     760 € zu 19 %
= 18.135 €

Deshalb lag der maßgebliche Umsatz zuzüglich der darauf entfallenden Steuer über 17.500 €.
Sie unterliegen weiterhin der Regelbesteuerung.

Beispiel 4b:
(Fortführung von Beispiel 3)

Sie haben im Jahr 07 einen steuerpflichtigen Jahresumsatz von weniger als 17.500 € (einschließlich Umsatzsteuer) erzielt und erwarten im Folgejahr 08 nicht mehr als 50.000 € Umsatz (einschließlich Umsatzsteuer).

Konsequenz:
Für Sie gilt die Kleinunternehmerregelung. Dies gilt auch für die Folgejahre, solange nicht eine der beiden Grenzen überschritten wird.

2.1.1 Vor- und Nachteile

Beide Besteuerungsformen können für Sie Vor- und Nachteile haben.

2.1.1.1 Kleinunternehmer

Vorteile:

- Als Kleinunternehmer dürfen Sie keine Umsatzsteuer auf Ihren Rechnungen auszuweisen. Dies ist dann ein Vorteil, wenn der Leistungsempfänger (z. B. Veranstalter einer Lesung) nicht umsatzsteuerpflichtig ist (<u>2.2.2</u>) und ein Fixhonorar vereinbart wurde.

- Sie müssen keine Umsatzsteuervoranmeldung abgeben, d. h. Zeit- und Kostenersparnis.

- Sie brauchen sich nicht mit unterschiedlichen Steuersätzen auseinanderzusetzen.

- Sie müssen sich bei Sachverhalten mit Auslandsberührung (z. B. Lesungen und Vorträge) nicht mit der Frage auseinandersetzen, ob und wo Ihre Leistung umsatzsteuerpflichtig ist.

Nachteil:

- Als Kleinunternehmer dürfen Sie keine Vorsteuer (= Umsatzsteuererstattung vom Finanzamt) geltend machen; Sie können die von Ihnen betrieblich gezahlte Umsatzsteuer also nur als Betriebsausgaben bei der Einkommensteuer absetzen, sie wirkt sich dann im Rahmen Ihres persönlichen Steuersatzes aus.

Beispiel:

In der Rechnung enthaltene Umsatzsteuer: 100 €

Regelbesteurer darf Vorsteuer geltend machen

und erhält erstattet: 100 €.

Für Kleinunternehmer ist die Vorsteuer Betriebsausgabe, die Einkommensteuer reduziert sich nach Ihrem persönlichen Steuersatz (z. B. 25 %) um: 25 €

2.1.1.2 Regelbesteuerer

Vorteil:

- Als Regelbesteuerer dürfen Sie Vorsteuer (= Umsatzsteuererstattung vom Finanzamt) geltend machen; Sie bekommen also, wenn die Voraussetzungen des Vorsteuerabzugs vorliegen (dazu unter 2.7.1) die von Ihnen gezahlte Umsatzsteuer vollständig erstattet. Dies kann, gerade bei größeren Anschaffungen, einen nicht unerheblichen Liquiditätsvorteil bedeuten.

Nachteile:

- Sie müssen eine Umsatzsteuerjahreserklärung und gegebenenfalls Umsatzsteuervoranmeldungen abgeben (2.8 und 2.9), was Zeit- und Kostenaufwand bedeutet.

- Als Regelbesteuerer müssen Sie Umsatzsteuer auf Ihren Rechnungen ausweisen. Dies ist dann ein Nachteil, wenn der Leistungsempfänger (z. B. Veranstalter einer Lesung) nicht umsatzsteuerpflichtig ist und ein Fixhonorar vereinbart wurde (dazu später 2.2.2).

2.1.2 Option zur Regelbesteuerung

Wenn Sie Kleinunternehmer sind, können Sie trotzdem freiwillig die Regelbesteuerung in Anspruch nehmen. Dies geschieht durch die Option zur Regelbesteuerung in Form einer Erklärung gegenüber dem Finanzamt. Dies kann alternativ insbesondere auf folgenden Wegen passieren:

- Bei Unternehmensgründung durch Verzicht auf die Anwendung der Kleinunternehmerregelung durch das entsprechende Kreuzchen auf dem Fragebogen zur steuerlichen Erfassung – Abschnitt: **Angaben zur Anmeldung und Abführung der Umsatzsteuer** – **Unterabschnitt: Kleinunternehmerregelung** (siehe unter 5.2).

- Durch Ausstellung einer Rechnung mit Umsatzsteuer.

Die Option zur Regelbesteuerung sollte von Kleinunternehmern nicht leichtfertig ausgeübt werden, da sie für mindestens fünf Kalenderjahre bindet. Sie werden dann fünf Jahre als „Großer" behandelt, auch wenn Sie in den Jahren nach der Option nie mehr die Kleinunternehmergrenze überschreiten.

Hinweis: Wenn Sie durch Überschreiten einer oder beider Umsatzgrenzen „automatisch" zum Regelbesteuerer werden, ist das keine Option zur Regelbesteuerung. Sie können sich dann, wenn Ihre Umsätze wieder unter die Umsatzgrenzen fallen, wieder als Kleinunternehmer behandeln lassen.
Wenn Sie in diesem Fall jedoch weiter Rechnungen mit Umsatzsteuer ausstellen, wird das als Option zur Regelbesteuerung gewertet – mit der Konsequenz der Fünfjahresregelung.

2.1.3 Vorsicht vor ungewollten Optionen

Wenn Sie als Kleinunternehmer irrtümlich eine Rechnung mit Umsatzsteuer ausstellen, dann wertet das Finanzamt, das den Irrtum ja nicht kennt, dies als Option zur Regelbesteuerung. In diesem Fall müssen Sie unverzüglich eine berichtigte Rechnung ohne Umsatzsteuerausweis ausstellen und die fehlerhafte Rechnung im Original von Ihrem Geschäftspartner zurückfordern. Erhalten Sie diese nicht zurück, müssen Sie die versehentlich ausgewiesene Umsatzsteuer an das Finanzamt zahlen.

Das gilt auch im Fall einer Gutschrift, die Sie von Ihrem Vertragspartner erhalten. Sollte diese mit Umsatzsteuer ausgestellt sein, müssen Sie sie unbedingt von ihrem Vertragspartner berichtigen lassen, da dies das sonst Finanzamt als Option zur Regelbesteuerung wertet.

Hinweis 1: Lassen Sie sich von dem Begriff Gutschrift nicht irritieren. Die Gutschrift ist im Grundsatz wie eine Rechnung zu behandeln. Der Unterschied ist, dass die Rechnung von Ihnen ausgestellt wird, die Gutschrift jedoch von Ihrem Vertragspartner (z. B. Verlag, Veranstalter einer Lesung), der die Honorarabrechnung vornimmt. Der Grund für die Gutschrift ist meist, dass Ihr Vertragspartner in den genannten Fällen „näher an den Zahlen" ist und deshalb die Abrechnung erstellt.

Hinweis 2: Wenn Sie entweder die Originalrechnung nicht zurückerhalten oder keine berichtigte Gutschrift ausgestellt wird, empfiehlt es sich, das Finanzamt schnellstmöglich von der Situation in Kenntnis zu setzen und ihm mitzuteilen, dass ein Irrtum vorliegt und eine Option zur Regelbesteuerung ausdrücklich nicht gewollt ist.

2.2 Steuerfreie Umsätze

Grundsätzlich unterliegen – im Falle der Regelbesteuerung – alle Umsätze der Umsatzsteuer, sind also umsatzsteuerpflichtig.

Es gibt jedoch im Gesetz Ausnahmen, die im Anschluss beispielhaft aufgelistet werden. Hier ist zu unterscheiden, ob Ihre Leistungen als Autor z. B. im Rahmen einer Lesung von der Umsatzsteuer befreit sind, oder die Leistungen des Veranstalters.

2.2.1 Umsatzsteuerfreie Autorenleistungen

Ihre Leistungen als Autor sind in folgenden Fällen von der Umsatzsteuer befreit:

2.2.1.1 Autoren als selbständige Lehrer

Wenn Sie als Autor die Rolle eines selbständigen Lehrers einnehmen, (nach § 4 Nr. 21 b UStG) Ihre unmittelbar dem Schul- und Bildungszweck dienenden Unterrichtsleistungen:

- aa) an Hochschulen im Sinne der §§ 1 und 70 des Hochschulrahmengesetzes und öffentlichen allgemeinbildenden oder berufsbildenden Schulen oder

- bb) an privaten Schulen und anderen allgemeinbildenden oder berufsbildenden Einrichtungen. Wichtig ist hier, dass Sie als selbständiger Lehrer dem Finanzamt eine Bescheinigung vorlegen, dass die Bildungsmaßnahmen auf einen Beruf oder auf eine vor einer juristischen

Person des öffentlichen Rechts abzulegende Prüfung ordnungsgemäß vorbereiten. Diese Bescheinigung wird der Bildungsstätte erteilt und gilt entweder für das gesamte Bildungsprogramm oder für einzelne Kurse.

Unter die Befreiung können beispielsweise Ihre Lesungen an öffentlichen und privaten Schulen fallen, aber auch Unterricht oder Lesungen an der VHS. Ebenso der Sprachunterricht an einem vom Bundesamt für Migration und Flüchtlinge zugelassenen Kursträger.

Hinweis 1: Die Bescheinigungen nach § 4 Nr. 21 bb) können gebührenpflichtig sein. Es empfiehlt sich, sich vorab nach der Höhe der Gebühr zu erkundigen.

Hinweis 2: Bei Unklarheiten – insbesondere über den rechtlichen Status des Leistungsempfängers – empfiehlt es sich für Sie, im Einzelfall den Leistungsempfänger zu fragen und gegebenenfalls die Umsatzsteuer zusätzlich auf die Rechnung aufzuschlagen. Denn anderenfalls müssen Sie, wenn Ihre Leistung nicht unter die Befreiung fällt, die Umsatzsteuer aus dem Nettoumsatz herausrechnen, was wiederum Ihren Gewinn mindert.

2.2.1.2 Autoren im Ehrenamt

Für Autoren, die sich ehrenamtlich betätigen, gibt es folgende Steuerbefreiungen:

- § 4 Nr. 26 a UStG: ehrenamtliche Tätigkeit für juristische Personen des öffentlichen Rechts.

- § 4 Nr. 26 b UStG: ehrenamtliche Tätigkeit, bei der das Entgelt für die Tätigkeit nur in Auslagenersatz und angemessener Entschädigung für Zeitversäumnis besteht.

Auch hier gilt: Bei Unklarheiten fragen und gegebenenfalls die Umsatzsteuer auf die Rechnung aufschlagen (siehe 2.2.1.1 Hinweis 2).

2.2.2 Umsatzsteuerfreie Veranstalterleistungen

Es kann Fälle geben, in denen zwar der Veranstalter von der Umsatzsteuer befreit ist, nicht aber die Leistung, die Sie an ihn erbringen. Wenn nur die Leistung des Veranstalters, nicht aber Ihre steuerbefreit ist, kann das für Autoren, die der Regelbesteuerung unterliegen, ein Nachteil sein.

Beispiel:

Vereinbartes Honorar: 100 €

- (Steuerbefreiter) Leistungsempfänger zahlt Umsatzsteuer zusätzlich zum vereinbarten Honorar

7 % Umsatzsteuer wird hinzugerechnet:
(100 €*7 %) = 7 €
Betriebseinnahme (Brutto): 107 €
Honorar nach Abführung der Umsatzsteuer: 100 €

- (Steuerbefreiter) Leistungsempfänger zahlt Umsatzsteuer nicht zusätzlich zum vereinbarten Honorar

7 % Umsatzsteuer wird herausgerechnet:
(100 €/107*7 %) = 6,50 €
Betriebseinnahme (Brutto): 100 €
Honorar nach Abführung der Umsatzsteuer: 93,50 €

Sie müssen folglich eine faktische Honorarminderung hinnehmen, wenn sich ein steuerbefreiter Leistungsempfänger weigert, Umsatzsteuer zusätzlich zum Honorar, beispielsweise für Lesungen, zu zahlen.

2.3 Lesungen und Vorträge außerhalb Deutschlands

Lesungen und Vorträge außerhalb Deutschlands sind ein sehr komplexes Gebiet, da es sehr viele Fallkonstellationen gibt, die mehr oder weniger oft auftreten. Nachfolgend werden die drei häufigsten anhand von Beispielen dargestellt.

Beispiel 1:

Wenn Sie Lesungen oder Vorträge in Österreich für einen deutschen Veranstalter (Unternehmer) halten, ist Ihre Leistung in Deutschland umsatzsteuerpflichtig (§ 3a Abs. 2 UStG).

Es gelten die normalen Regelungen.

Beispiel 2:

Wenn Sie Lesungen oder Vorträge in Österreich für einen österreichischen Veranstalter (Unternehmer) halten, ist ihre Leistung in Deutschland nicht umsatzsteuerpflichtig (§ 3a Abs. 2 UStG). Sie müssen und dürfen keine deutsche Umsatzsteuer auf Ihr Honorar aufschlagen.

Allerdings ist der Veranstalter als Leistungsempfänger in Österreich umsatzsteuerpflichtig (§ 13b Abs. 5 UStG). Er darf die Umsatzsteuer jedoch nicht von Ihrem Honorar einbehalten! Dies muss er auch gar nicht, weil er zeitgleich zur Umsatzsteuer bei seinem Finanzamt die Vorsteuer geltend machen kann.

Sie müssen jedoch in Ihrer Rechnung auf die „Steuerschuldnerschaft des Leistungsempfängers" hinweisen (§ 14a Abs. 5 UStG) hinweisen.

Die Rechnung muss außerdem sowohl Ihre Umsatzsteueridentifikationsnummer (5.1.3)beinhalten, als auch die des Veranstalters (Leistungsempfängers).

In Ihrer deutschen Umsatzsteuervoranmeldung (2.9.1) und in der Anlage UR zu Ihrer Umsatzsteuererklärung (2.9.2) müssen Sie die Umsätze in der Zeile **Nicht steuerbare sonstige Leistungen gem. § 18b Satz 1 Nr. 2 UStG** angeben.

Des Weiteren müssen Sie eine Zusammenfassende Meldung an das deutsche Finanzamt abgeben (§ 18a Abs. 2 UStG). Stichtag ist jeweils der 25. nach Ablauf des Quartals.
http://www.bzst.de
-> Startseite -> Steuern International -> USt-Kontrollverfahren (ZM, MELK, eCommerce) -> ZM.

Beispiel 3:

Wenn Sie Lesungen oder Vorträge in Österreich für einen österreichischen Kunden (Privatperson) halten, ist ihre Leistung in Deutschland nicht umsatzsteuerpflichtig (§ 3a Abs. 2 UStG in Verbindung mit § 3a Abs. 3 Nr. 3a UStG). Sie müssen und dürfen keine deutsche Umsatzsteuer auf Ihr Honorar aufschlagen.

Allerdings sind Sie in Österreich mit Ihrem Honorar umsatzsteuerpflichtig.

Der österreichische Kunde muss deshalb die österreichische Umsatzsteuer vom Ihrem Honorar einbehalten und an das österreichische Finanzamt abführen.

In Ihrer deutschen Umsatzsteuervoranmeldung (2.9.1) und in der Anlage UR zu Ihrer Umsatzsteuererklärung (2.9.2) müssen Sie die Umsätze in der Zeile **Übrige nicht steuerbare Umsätze (Leistungsort nicht im Inland)** angeben.

Hinweis: Ich empfehle Ihnen, sich auch beim Veranstalter zu erkundigen. Denn meist sind Sie für

Ihn kein Einzelfall und er hat das Problem dann in der Regel schon mit seinem Steuerberater oder Finanzamt abgeklärt. Dabei wären insbesondere zwei Fragen wichtig: Handelt es sich um eine steuerfreie Leistung (vgl. 2.2.1)? Wo ist die Leistung zu versteuern? Wenn Sie keine befriedigende Antwort erhalten, sollten Sie bei Ihrem Finanzamt nachfragen oder einen Steuerberater zu Rate ziehen.

2.4 Wie hoch ist die Umsatzsteuer?

Es gibt in Deutschland derzeit (Stand: 2016) zwei Umsatzsteuersätze, die für Sie als Autor relevant sind (§ 12 UStG): den Regelsteuersatz von 19 % und den ermäßigten Steuersatz von 7 %.

2.4.1 Umsatzsteuer 19 %

Der Regelsteuersatz ist beispielsweise anzuwenden auf:

- Korrektorats- und Lektoratsarbeiten;

- Coaching;

- E-Books.

2.4.2 Umsatzsteuer 7 %

Der ermäßigte Steuersatz gilt für:

- Bücher aus Papier – also (derzeit) nicht für E-Books;

- Lesungen (unter bestimmten Voraussetzungen, siehe 2.4.3);

- Hörbücher (unter bestimmten Voraussetzungen, siehe 2.4.4).

2.4.3 Sonderfall Lesungen

Lesungen unterliegen dem Regelsteuersatz, wenn es sich hierbei um reines Vorlesen handelt.

Sie unterliegen dem ermäßigten Steuersatz, wenn sie künstlerisch gehaltvoll sind – „Kleinkunst". Vergleiche hierzu den Gesetzestext „... den Theatervorführungen und Konzerten vergleichbaren Darbietungen ausübender Künstler" (§ 12 Abs. 2 Nr. 7a UStG).

Dies sind beispielsweise:

- Lesungen mit Musikbegleitung;

- Lesungen, bei denen Requisiten genutzt werden;

- Lesungen, bei denen das Publikum mit einbezogen, z. B. auf dessen Fragen eingegangen wird;

- Kinder- und Jugendbuchlesungen;

Siehe hierzu z. B. Finanzgericht Köln, Urteil vom 30.08.2012, 12 K 1967/11.

2.4.4 Sonderfall Hörbuch

Hörbücher unterliegen (ab dem 01.01.2015) unter folgenden Voraussetzungen dem begünstigten Steuersatz (§ 12 Abs. 2 Nr. 1 und 2 in Verbindung mit Nr. 50 der Anlage 2 zum UStG – BMF vom 01.12.2014):

- „Platten, Bänder, nicht flüchtige Halbleiterspeichervorrichtungen, ‚intelligente Karten (smart cards)' und andere Tonträger oder ähnliche Aufzeichnungsträger, die ausschließlich die Tonaufzeichnung der Lesung eines Buches enthalten, mit Ausnahme der Erzeugnisse, für die Beschränkungen als jugendgefährdende Trägermedien bzw. Hinweispflichten nach § 15 Abs. 1 bis 3 und 6 des Jugendschutzgesetzes in der jeweils geltenden Fassung bestehen.

- Die Anwendung der Steuerermäßigung setzt die Übertragung bzw. Vermietung eines körperlichen Gegenstands in Gestalt eines Speichermediums voraus. Das Speichermedium kann im Einzelfall sowohl digital (z. B. CD-ROM, USB-Speicher oder Speicherkarten) als auch analog (z. B. Tonbandkassetten oder Schallplatten) sein.

- Weitere Voraussetzung ist, dass auf dem Medium ausschließlich die Tonaufzeichnung der Lesung eines Buches gespeichert ist. Der dabei zugrunde liegende Buchbegriff ist funktional zu verstehen, d. h. die Lesung muss einen Text wiedergeben, der dem herkömmlichen Verständnis vom Inhalt eines Buches entspricht. Die Anwendung des ermäßigten Umsatzsteuersatzes ist deshalb nicht davon abhängig, dass der Inhalt eines Hörbuchs als gedruckte Fassung verlegt wurde oder verlegt werden soll. Für Lesungen, die dem ermäßigten Umsatzsteuersatz unterliegen, ist die Verwendung von Musik und Geräuschen, die der Illustration des Textes dienen, zulässig. Auch eine mehrstimmige Lesung schließt die Einordnung als begünstigtes Hörbuch nicht aus, soweit sich dies aus dem Buch, z. B. durch Dialoge in wörtlicher Rede ergibt. Hat ein Verlag ausschließlich das Recht durch den Lizenzgeber eingeräumt bekommen, eine Lesung zu produzieren, ohne dass ihm auch die Hörspielrechte eingeräumt werden, ist das Erzeugnis aus Vereinfachungsgründen als Lesung anzuerkennen.

Nicht begünstigt sind damit:

- Jugendgefährdende Hörbücher

- Hörbücher, für die Beschränkungen als jugendgefährdende Trägermedien bzw. Hinweispflichten nach § 15 Abs. 1 bis 3 und 6 des Jugendschutzgesetzes in der jeweils geltenden Fassung bestehen. Diese Hinweispflicht besteht für die von der Bundesprüfstelle für jugendgefährdende Schriften indizierten jugendgefährdenden Trägermedien sowie für die offensichtlich schwer jugendgefährdenden Trägermedien. Die von der Bundesprüfstelle für jugendgefährdende Schriften indizierten jugendgefährdenden Trägermedien werden im Bundesanzeiger veröffentlicht. Für amtliche Zwecke wird von der Bundesprüfstelle jährlich ein Gesamtverzeichnis herausgegeben.

- Hörspiele
Diese unterscheiden sich von Lesungen in der Regel dadurch, dass diesen ein Drehbuch zugrunde liegt, ähnlich einem Filmwerk. Außerdem bedienen sich Hörspiele überwiegend

dramaturgischer Effekte, wie z. B. der sprachlichen Interaktion. Hörspiele geben grundsätzlich nicht denselben Inhalt wie gedruckte Bücher wieder, sondern bedienen sich des Stoffs als Grundlage für eine eigene Geschichte.

- Hörzeitungen und Hörzeitschriften
Diese erscheinen üblicherweise periodisch und geben Informationen mit aktuellem Bezug z. B. aus Politik, Wirtschaft, Sport und Feuilleton oder aus bestimmten abgegrenzten Fachthemengebieten wieder.

- Auf elektronischem Weg erbrachte sonstige Leistungen (z. B. das Herunterladen von Hörbüchern aus dem Internet)
Sofern der Unternehmer gegen Zahlung eines Gesamtverkaufspreises ein gedrucktes Buch im Sinne der Nummer 49 Buchstabe a der Anlage 2 zum UStG abgibt und gleichzeitig den elektronischen Zugang zum Hörbuch einräumt, ist der Gesamtverkaufspreis nach Maßgabe von Abschnitt 10.1 Absatz 11 UStAE aufzuteilen. Für vor dem 01.01.2016 ausgeführte Umsätze wird es nicht beanstandet, wenn der Unternehmer diese Vorgänge als einheitliche Leistung behandelt, die insgesamt dem ermäßigten Steuersatz unterliegt."

Den vollständigen Wortlaut des BMF-Schreibens finden Sie hier:

http://www.bundesfinanzministerium.de
-> Startseite -> Service -> Publikationen -> BMF-Schreiben -> Ermäßigter Umsatzsteuersatz für Umsätze mit Hörbüchern

2.4.5 Umsatzsteuer auf Nebenleistungen

Hier gilt der Grundsatz: Nebenleistungen teilen umsatzsteuerrechtlich das Schicksal der Hauptleistung – für sie ist also der Umsatzsteuersatz (oder die Befreiung) der Hauptleistung anzuwenden.

Das gilt auch dann, wenn für die Nebenleistung ein besonderes Entgelt verlangt und entrichtet wird (vgl. BFH-Urteil vom 28.4.1966, V 58/63, BStBl. III S. 476).

Was ist eine Nebenleistung?

Hierzu schreibt die Verwaltung in Abschnitt 3.10 ihres Umsatzsteueranwendungserlasses: „Eine Leistung ist grundsätzlich dann als Nebenleistung zu einer Hauptleistung anzusehen, wenn sie im Vergleich zu der Hauptleistung nebensächlich ist, mit ihr eng – im Sinne einer wirtschaftlich gerechtfertigten Abrundung und Ergänzung – zusammenhängt und üblicherweise in ihrem Gefolge vorkommt. Davon ist insbesondere auszugehen, wenn die Leistung für den Leistungsempfänger keinen eigenen Zweck, sondern das Mittel darstellt, um die Hauptleistung des Leistenden unter optimalen Bedingungen in Anspruch zu nehmen. Gegenstand einer Nebenleistung kann sowohl eine unselbständige Lieferung von Gegenständen als auch eine unselbständige sonstige Leistung sein."

Hierunter fallen beispielsweise:

- Versandkosten für Bücher;

- Fahrkosten zu Lesungen;

- Trinkgelder an Sie als selbständigen Autor z. B. im Rahmen von Lesungen.

2.5 Wann muss ich meine Umsätze versteuern?

Als freiberuflicher Autor haben Sie ein Wahlrecht (§§ 13, 20 UStG):

Entweder, Sie versteuern Ihre Umsätze dann, wenn Sie die Leistungen ausgeführt haben, also nach „vereinbarten Entgelten" (Soll-Versteuerung). Dies ist jedoch dann ein Nachteil, wenn Sie – zum Beispiel vom Veranstalter einer Lesung – erst später bezahlt werden. Sie müssen dann die Umsatzsteuer

„vorstrecken", ohne den Betrag bereits erhalten zu haben, was schlimmstenfalls zu Finanzierungsengpässen führen kann.

Es empfiehlt sich deshalb, dass Sie beim Finanzamt Antrag auf Besteuerung nach „vereinnahmten Entgelten" (Ist-Versteuerung) stellen. Dies ist für Autoren als Freiberufler unproblematisch möglich und hat den großen Vorteil, dass Sie die von Ihnen vereinnahmte Umsatzsteuer erst dann an das Finanzamt abführen müssen, wenn zum Beispiel Ihr Veranstalter tatsächlich gezahlt hat.

Hinweis: Den Antrag können Sie entweder auf dem Fragebogen zur steuerlichen Erfassung (5.2) stellen oder auch noch später durch formlosen Brief ans Finanzamt.

2.6 Wie muss ich meine Rechnung stellen?

Hier ist zu unterscheiden, ob es sich um eine normale Rechnung (2.6.2) oder eine Kleinbetragsrechnung (2.6.1) handelt.

2.6.1 Kleinbetragsrechnung (§ 33 UStDV)

Eine Rechnung, deren Gesamtbetrag 150 € (einschließlich Umsatzsteuer) nicht übersteigt, muss mindestens folgende Angaben enthalten:

- den vollständigen Namen und die vollständige Anschrift des leistenden Unternehmers;

- das Ausstellungsdatum;

- die Menge und die Art der gelieferten Gegenstände (z. B. Bücher) oder den Umfang und die Art der sonstigen Leistung (z. B. Lesung, Coaching, Lektorat);

- das Entgelt und den darauf entfallenden Steuerbetrag für die Lieferung oder die sonstige Leistung in einer Summe sowie den anzuwendenden Steuersatz (2.4).

Beispiel:

Rechnung

Anna Autorin
Schreibgasse 25
88888 Buch

01.05.01

1 Buch „Die tapfere Feder": 5,00 €
1 Lesung Jungendbuch „Im goldenen Wasserglas":
145,00 €

Gesamt: 150,00 €

In diesem Betrag sind 7 % Umsatzsteuer enthalten

Im Fall einer Steuerbefreiung muss ein Hinweis erfolgen, dass für die Lieferung oder die sonstige Leistung eine Steuerbefreiung gilt.

Beispiel (Kleinunternehmer) *(2.1.1.1)***:**

„Die Rechnungsstellung erfolgt aufgrund der Kleinunternehmerregelung (§ 19 UStG) ohne Umsatzsteuerausweis."

Beispiel (Lesung in einer privaten Schule) *(2.2.1.1)***:**

„Die Leistung ist nach § 4 Nr. 21 b UStG steuerfrei und erfolgt deshalb ohne Umsatzsteuerausweis."

2.6.2 „große" Rechnung (§ 14 UStG)

Wenn der Rechnungsbetrag 150 € übersteigt, muss die Rechnung folgende Angaben erhalten:

- den vollständigen Namen und die vollständige Anschrift des leistenden Unternehmers und des Leistungsempfängers;

- die dem leistenden Unternehmer vom Finanzamt erteilte Steuernummer (5.1.2)oder die ihm vom Bundeszentralamt für Steuern erteilte Umsatzsteuer-Identifikationsnummer (5.1.3);

- das Ausstellungsdatum;

- die fortlaufende Nummer mit einer oder mehreren Zahlenreihen, die zur Identifizierung der Rechnung vom Rechnungsaussteller einmalig vergeben wird (Rechnungsnummer);

- die Menge und die Art (handelsübliche Bezeichnung) der gelieferten Gegenstände oder den Umfang und die Art der sonstigen Leistung;

- den Zeitpunkt der Lieferung oder der sonstigen Leistung;

- bei Vorauszahlungen den Zeitpunkt der Vereinnahmung des Entgelts oder eines Teils des Entgelts, sofern der Zeitpunkt der Vereinnahmung feststeht und nicht mit dem Ausstellungsdatum der Rechnung übereinstimmt;

- das nach Steuersätzen (2.4) und einzelnen Steuerbefreiungen (2.2.1) aufgeschlüsselte Entgelt für die Lieferung oder die sonstige Leistung sowie jede im Voraus vereinbarte Minderung des Entgelts, sofern sie nicht bereits im Entgelt berücksichtigt ist;

- den anzuwendenden Steuersatz (2.4) sowie den auf das Entgelt entfallenden Steuerbetrag oder im Fall einer Steuerbefreiung (2.2.1) einen Hinweis darauf, dass für die Lieferung oder sonstige Leistung eine Steuerbefreiung gilt;

- in den Fällen der Ausstellung der Rechnung durch den Leistungsempfänger oder durch einen von ihm beauftragten Dritten die Angabe „Gutschrift".

2.7 Die Vorsteuer

Die Vorsteuer ist die Umsatzsteuer, die von Ihnen an andere Unternehmer gezahlt wird, um von diesen eine Lieferung oder sonstige Leistung für Ihr Unternehmen zu erhalten (§ 15 UStG).

Beispiel:

Bücher (netto): 10,00 €
Zuzüglich 7 % Umsatzsteuer = Vorsteuer: 0,70 €

Gesamtbetrag: 10,70 €

Coaching (netto): 100,00 €
Zuzüglich 19 % Umsatzsteuer = Vorsteuer 19,00 €
Gesamtbetrag: 110,00 €

Wenn die Lieferung oder sonstige Leistung für Ihre Tätigkeit als Autor, also für Ihr Unternehmen bestimmt ist, erhalten Sie diese nicht als Privatperson (Endverbraucher), sondern als Unternehmer. Da jedoch die Vorsteuer nur Privatpersonen belasten soll, können Sie als Autor sich diese vom Finanzamt im Rahmen der Umsatzsteuervoranmeldung bzw. der Umsatzsteuerjahreserklärung (sh. dazu unter 2.8) wieder erstatten lassen.

2.7.1 Vorsteuererstattung nach den allgemeinen Regeln

Hier sind vorab insbesondere zwei Punkte zu beachten:

- Um eine Vorsteuererstattung vom Finanzamt erhalten zu können, ist es wichtig, dass Sie für die Lieferung oder sonstige Leistung eine ordnungsgemäß ausgestellte Rechnung (2.6) erhalten haben. Ist das nicht der Fall, sollten Sie diese bei Ihrem Vertragspartner nachfordern.

- Die Verteilung auf mehrere Jahre im Rahmen der Abschreibung gilt nur für die Einkommensteuer (1.4.8), nicht aber für die Umsatzsteuer. Die Vorsteuererstattung kann bereits bei Zahlung beim Finanzamt geltend gemacht werden.

2.7.1.1 Vorsteuer bei 100 % steuerpflichtigen Umsätzen

Grundsätzlich können Sie, mit ordnungsgemäßer Rechnung, die Vorsteuer auf alle abziehbaren steuerpflichtigen Betriebsausgaben (1.4) erstattet bekommen.

Hinweis: Die Regel, dass nur 70 % der Bewirtungskosten abziehbar sind, gilt nur für die Einkommensteuer, nicht für die Umsatzsteuer. Deshalb können Sie für Ihre Bewirtungsausgaben 100 % Vorsteuer geltend machen.

2.7.1.2 Aufteilung der Vorsteuer bei steuerpflichtigen und steuerfreien Umsätzen

Wenn Sie je sowohl steuerpflichtige als auch steuerfreie (2.2.1) Umsätze erzielen, dürfen Sie nur die Vorsteuer für die steuerpflichtigen Umsätze ansetzen. Darunter fallen:

- im Inland steuerpflichtige Umsätze

- Umsätze, die im Ausland erzielt wurden und deshalb nicht der deutschen Umsatzsteuer unterliegen, die aber steuerpflichtig wären, wenn sie im Inland erfolgt wären.

Steuerfreie Umsätze sind dagegen beispielsweise:

- Umsätze aus Lehrtätigkeit (2.2.1.1)
- Umsätze aus Ehrenamt (2.2.1.2).

Sie müssen dann die Vorsteuer in einen abziehbaren und einen nichtabziehbaren Teil aufteilen.

Hinweis: Der nichtabziehbare Teil geht nicht ganz „verloren", sie können ihn im Rahmen Ihrer Einkommensteuererklärung als „nicht abziehbare Vorsteuer" geltend machen (1.4.22).

Für die Aufteilung der Vorsteuer gibt es zwei Möglichkeiten:

Die direkte Zuordnung, wenn Sie etwas speziell für Ihren umsatzsteuerfreien Umsatz erworben haben.

Beispiel:

Kauf von kleinen Präsenten für Lesungen. Davon verteilen Sie 20 bei einer Lesung an einer privaten Bibliothek (steuerpflichtig) und 15 bei einer Lesung in einer VHS (steuerfrei).

Sie dürfen für 20 Präsente die Vorsteuer ansetzen, für 15 jedoch nicht.

Eine direkte Zuordnung wird aber nicht immer möglich sein, da Sie vieles, was Sie erwerben, sowohl für steuerpflichtige als auch steuerfreie Umsätze verwenden. Deshalb gibt es die Möglichkeit der prozentualen Aufteilung nach Umsätzen.

Beispiel:

Sie haben 01 folgende Umsätze gemacht:
13.000 € von ihrem Verlag für Ihren Roman
2.000 € für private Lesungen in Österreich
4.000 € Deutschunterricht für Migranten
1.000 € Verdienstausfall ehrenamtliche Tätigkeit.
Dafür sind 01 für diese Umsätze Betriebsausgaben angefallen, die insgesamt 4.000 € Vorsteuer beinhalten.

Steuerpflichtig sind der Verlagsumsatz und die private Lesung in Österreich, da diese in Deutschland steuerpflichtig wäre.

Umsatzsteuerfrei ist der Deutschunterricht für Migranten (Lehrtätigkeit) und das Ehrenamt.

Es ergibt sich folgende Aufteilung:

Gesamtumsatz: 20.000 €
Steuerpflichtige Umsätze: 15.000 € (75 %)
Steuerfreie Umsätze: 5.000 € (25 %)

Somit darf die Vorsteuer zu 75 % geltend gemacht werden, also 3.000 €. Der Rest (1.000 €) ist „nicht abziehbare Vorsteuer".

Hinweis: Da sich die Möglichkeit der direkten Zuordnung bzw. die prozentuale Verteilung Ihrer Umsätze ändern kann, ist die Aufteilung jedes Jahr neu vorzunehmen.

2.7.2 Vorsteuer nach Durchschnittssätzen

Für manche Berufsgruppen, zu denen auch Sie als Autor gehören, gibt es die Möglichkeit, statt der tatsächlichen Vorsteuer die Vorsteuer nach allgemeinen Durchschnittssätzen zu berechnen (§ 23 UStG).

Voraussetzung hierfür ist jedoch, dass Ihr Nettoumsatz (Umsatz ohne Umsatzsteuer) aus Autorentätigkeit im vorangegangenen Kalenderjahr 61.356 € nicht überstiegen hat.

Dies kann eine Arbeitserleichterung sein, wenn Sie sonst Ihren Geschäftspartnern wegen der umsatzsteuerlich korrekten Rechnungen „hinterherlaufen" müssen oder nur wenige Ausgaben haben.

Des Weiteren müssen Sie die Umsätze auch nicht nach steuerfrei und nicht steuerfrei aufteilen (2.7.1.2), sondern können für Ihre kompletten Umsätze (also auch die steuerfreien) z. B. aus Schriftstellertätigkeit den Durchschnittssatz ansetzen.

Es gilt jedoch zu beachten, dass für die jeweilige Berufsgruppe entweder nur die nachgewiesene Vorsteuer oder die Durchschnittssätze verwendet werden dürfen. Ein Wechsel von Durchschnittssätzen zurück zur nachgewiesenen Vorsteuer ist zwar möglich; in diesem Fall ist ein „Zurück zu den Durchschnittssätzen" jedoch erst nach fünf Jahren zulässig.

Der Umfang der Durchschnittssätze ist in der UStDV in den §§ 69, 70 sowie in der Anlage A festgelegt. Sie beziehen sich auf den prozentualen Anteil des Nettoumsatzes. Freie Berufe, unter die auch Sie als Autor fallen, sind dabei im Abschnitt A IV. geregelt. Die Einteilung erfolgt nach Berufsgruppen:

- Schriftsteller:
  Freiberuflich tätige Unternehmer, die geschriebene Werke mit überwiegend wissenschaftlichem, unterhaltendem oder künstlerischen Inhalt schaffen;
  Durchschnittssatz: 2,6 %

- Journalisten:
  Freiberuflich tätige Unternehmer, die in Wort und Bild überwiegend aktuelle politische, kulturelle und wirtschaftliche Ereignisse darstellen;
  Durchschnittssatz: 4,8 %.

- Selbständige Mitarbeiter bei Bühne, Film, Funk, Fernsehen und Schallplattenproduzenten:
  Natürliche Personen, die auf den Gebieten der Bühne, des Films, des Hörfunks, des Fernsehens, der Schallplatten-, Bild- und Tonträgerproduktion selbständig Leistungen in Form von eigenen Darbietungen oder Beiträge zu Leistungen Dritter erbringen;
  Durchschnittssatz: 3,6 %.

Es lohnt sich also durchaus, Ihre Umsätze im Rahmen der Buchhaltung nach Berufsgruppen aufzuteilen und so gegebenenfalls höhere Durchschnittssätze zu erhalten.

Ist der Ansatz der Durchschnittssätze wegen Überschreitung der Höchstgrenze nicht möglich, können Sie natürlich für die entsprechende Berufsgruppe die tatsächlichen Vorsteuerbeträge ansetzen.

Beispiel 1:

Autor:
- Nettoumsatz Vorjahr: 35.000 €
- Nettoumsatz laufendes Jahr: 25.000 €
- Tatsächliche Vorsteuer laufendes Jahr: 800 €
- Möglicher Durchschnittssatz: 2,6 % von 25.000 € = 650 €
- Was wird angesetzt? Ansatz tatsächliche Vorsteuer.

Journalist:
- Nettoumsatz Vorjahr: 40.000 €
- Nettoumsatz laufendes Jahr: 15.000 €
- Tatsächliche Vorsteuer laufendes Jahr: 600 €
- Mögliche Durchschnittssatz: 4,8 % von 15.000 € = 720 €
- Was wird angesetzt? Ansatz Durchschnittssatz.

selbständige Mitarbeit Film:
- Nettoumsatz Vorjahr: 65.000 €
- Nettoumsatz laufendes Jahr: 10.000 €
- Tatsächliche Vorsteuer laufendes Jahr: 450 €

- Mögliche Durchschnittssatz: entfällt, da Nettoumsatz 01 größer als 61.365 €
- Was wird angesetzt? Ansatz tatsächliche Vorsteuer.

Zusammenfassend ergeben sich also für jede Berufsgruppe folgende Möglichkeiten:

Der Nettoumsatz des vorangegangenen Kalenderjahres:

- übersteigt nicht 61.356 €:

Wahlrecht:

- Ansatz Durchschnittssatz

- Verzicht auf Durchschnittssätze und Ansatz der tatsächlichen Vorsteuer, fünf Jahre bindend

- übersteigt 61.356 €:

kein Wahlrecht

- zwingend tatsächliche Vorsteuer anzusetzen.

Wenn Sie zum Teil von den Durchschnittssätzen Gebrauch machen und zum Teil die tatsächliche Vorsteuer ansetzen, haben Sie für die Zuordnung der Betriebsausgaben zwei Möglichkeiten:

- Die direkte Zuordnung der einzelnen Betriebsausgaben zu einer Berufsgruppe;

- Die prozentuale Zuordnung nach Anteil der Berufsgruppe am Gesamtumsatz.

Beispiel 2:
(Fortführung von Beispiel 1)

Gesamtumsatz 02: 50.000 € = 100 %
davon als:
- Autor: 25.000 € = 50 %
  Durchschnittssatz
- Journalist: 15.000 € = 30 %
  Durchschnittssatz
- selbständige Mitarbeit Film: 10.000 € = 20 %
  tatsächliche Vorsteuer

Vorsteuer für 02 insgesamt: 10.000 €.
Es wird die prozentuale Zuordnung gewählt.

Somit können für die Umsätze aus „Film" 20 % der Vorsteuerbeträge angesetzt werden = 2.000 €.

2.8 Fristen zur Umsatzsteuer

Die Fälligkeit der Umsatzsteuer richtet sich nach Ihrer Umsatzsteuerzahllast im vorangegangenen Kalenderjahr (§ 18 UStG). Vorab eine Übersicht:

Umsatzsteuerzahllast Vorjahr:

- über 7.500 €
  Voranmeldung und Zahlung monatlich

- über 1.000 € bis maximal 7.500 €
  Voranmeldung und Zahlung vierteljährlich

- bis zu 1.000 €
  Voranmeldung und Zahlung jährlich

Umsatzsteuererstattung im Vorjahr:
Voranmeldung und Zahlung (oft) vierteljährlich gefordert

Existenzgründer im Gründungs- und Folgejahr:
Voranmeldung und Zahlung monatlich.

2.8.1 monatlich

Bei einer Zahllast von mehr als 7.500 € müssen Sie monatlich Ihre Umsatzsteuervoranmeldung abgeben sowie die Zahlung entrichten.

Hinweis: Die Monatsfrist gilt auch – unabhängig von der Zahllast des vorangegangenen Kalenderjahrs – für Unternehmensgründer im Jahr der Gründung und im Folgejahr.

Steuertermin ist der 10. des Folgemonats, es ist jedoch auf Antrag eine Dauerfristverlängerung um einen Monat möglich.

Beispiel:

Umsatzsteuer für: Januar
Fälligkeit Umsatzsteuervoranmeldung und Zahlung: 10. Februar
Fälligkeit bei Dauerfristverlängerung: 10. März.

Um die Dauerfristverlängerung zu erhalten, müssen Sie mit der ersten Voranmeldung des Jahres eine Sondervorauszahlung leisten, die dann mit Ihrer Umsatzsteuerzahllast im Dezember des laufenden Jahres verrechnet wird. Diese Sondervorauszahlung beträgt 1/11 der Summe der Vorauszahlungen für das vorangegangene Kalenderjahr.

Beispiel:

Umsatzsteuervorauszahlungen für 01: 11.000 €

Sondervorauszahlung 02: 1.000 €

Hinweis: Im Gründungsjahr ist eine Dauerfristverlängerung ohne Zahlung der Sondervorauszahlung möglich.

2.8.2 vierteljährlich

Bei einer Zahllast von über 1.000 € bis zu 7.500 € müssen Ihre Voranmeldung und die Zahlung vierteljährlich erfolgen.

Auch hier ist eine Dauerfristverlängerung möglich, eine Sondervorauszahlung ist jedoch nicht erforderlich.

Umsatzsteuer für 1. Quartal: Januar – März

- Fälligkeit Umsatzsteuervoranmeldung und Zahlung: 10. April

- Fälligkeit bei Dauerfristverlängerung: 10. Mai

Umsatzsteuer für 2. Quartal: April – Juni

- Fälligkeit Umsatzsteuervoranmeldung und Zahlung: 10. Juli

- Fälligkeit bei Dauerfristverlängerung: 10. August

Umsatzsteuer für 3. Quartal: Juli – September

- Fälligkeit Umsatzsteuervoranmeldung und Zahlung: 10. Oktober

- Fälligkeit bei Dauerfristverlängerung: 10. November

Umsatzsteuer für 4. Quartal: Oktober bis Dezember

- Fälligkeit Umsatzsteuervoranmeldung und Zahlung: 10. Januar Folgejahr

- Fälligkeit bei Dauerfristverlängerung: 10. Februar Folgejahr.

Hinweis: Die vierteljährliche Abgabe wird von vielen Finanzämtern auch verlangt, wenn Sie im vorangegangenen Kalenderjahr keine Zahllast hatten, sondern in Summe eine Erstattung erhalten haben.

2.8.3 Jahressteuererklärung

Wenn Ihre Umsatzsteuerzahllast im vorangegangenen Kalenderjahr nicht mehr als 1.000 € betragen hat, kann Sie das Finanzamt auf Antrag von der Pflicht zur Voranmeldung befreien, sodass dann nur eine Jahressteuererklärung abzugeben ist.

- Diese ist, wenn Sie nicht von einem Steuerberater vertreten sind, bis zum 31. Juli des Folgejahres einzureichen.

Hinweis: Das gilt erst ab der Steuererklärung für 2016 und später. Die Steuererklärungen bis einschließlich 2015 sind noch bis zum 31. Mai des Folgejahres einzureichen.

Aber keine Angst, wenn Sie es bis dahin nicht schaffen, weil Ihnen noch Unterlagen fehlen, Sie krank oder beruflich sehr eingespannt sind. Die meisten Finanzbeamten lassen mit sich reden und gewähren auf einen formlosen Antrag (per Post oder Telefon) Fristverlängerung.

Wenn Sie sich allerdings gar nicht melden und das Finanzamt deswegen Ihre Einkünfte schätzt, wird's teuer, da das Finanzamt dann Verspätungszuschläge (3.6.2) verlangt.

- Wenn Sie von einem Steuerberater vertreten sind: der 28./29. Februar des übernächsten Jahres.

Hinweis: Das gilt erst ab der Steuererklärung für 2016 und später. Die Steuererklärungen bis einschließlich 2015 sind noch bis zum 31. Mai des Folgejahres einzureichen.

2.9 Umsatzsteuererklärungen

Nachfolgend eine kurze Erklärung der wichtigsten Zeilen der wichtigsten Umsatzsteuerformulare.

Fett gedruckt = Zeile im Formular
Normal gedruckt = meine Erläuterungen.

2.9.1 Formular Umsatzsteuervoranmeldung

Voranmeldungszeitraum
(siehe 2.8)

Steuerpflichtige Umsätze
(siehe 2.2)

- **zum Steuersatz von 19 %**
  Nettoumsatz + Umsatzsteuer
  (siehe 2.4.1)

- **zum Steuersatz von 7 %**
  Nettoumsatz + Umsatzsteuer
  (siehe 2.4.2)

Ergänzende Angaben zu Umsätzen

Nicht steuerbare sonstige Leistungen gem. § 18b Satz 1 Nr. 2 UStG
Lesung im Ausland für Unternehmer
(sh. 2.3, Beispiel 2)

Übrige nicht steuerbare Umsätze (Leistungsort nicht im Inland)
Lesung im Ausland für Privatperson
(sh. 2.3, Beispiel 3)

Umsatzsteuer
Summe (nur) der Umsatzsteuerbeträge

Abziehbare Vorsteuerbeträge

- **Vorsteuerbeträge aus Rechnungen von anderen Unternehmern (§ 15 Abs. 1 S. 1 Nr. 1 UStG), ...**
  (siehe 2.7.1)

- **Vorsteuerbeträge, die nach allgemeinen Durchschnittssätzen berechnet sind (§§ 23 und 23a UStG)**
  (siehe 2.7.2)

Verbleibende Umsatzsteuer-Vorauszahlung
Verbleibender Umsatzsteuer Überschuss
(Überschuss-Betrag mit Minus angeben)

Diese Zeile immer ausfüllen, auch wenn Sie im Voranmeldungszeitraum weder steuerpflichtige Umsätze noch Vorsteuer hatten. In diesem Fall schreiben Sie „0".

2.9.2 Formular Umsatzsteuerjahreserklärung

Ich habe dieser Steuererklärung die Anlage UR beigefügt/nicht beigefügt.
Beizufügen z B. bei Lesungen im Ausland
(sh. 2.3)

- Auf der **Anlage UR** sind diese Beträge dann einzutragen bei:
  Nicht steuerbare sonstige Leistungen gem. § 18b Satz 1 Nr. 2 UStG
  Lesung im Ausland für Unternehmer
  (sh. 2.3, Beispiel 2)

  Übrige nicht steuerbare Umsätze (Leistungsort nicht im Inland)
  Lesung im Ausland für Privatperson
  (sh. 2.3, Beispiel 3)

Dauer der Unternehmereigenschaft
Nur auszufüllen im Jahre der Unternehmensgründung bzw. der Betriebsausgabe.

Angaben zur Besteuerung der Kleinunternehmer (§ 19 Abs. 1 UStG)

Falls Sie von der Kleinunternehmerregelung gebrauch machen
(siehe 2.1)

Umsätze zum allgemeinen Steuersatz

- **Lieferungen und sonstige Leistungen zu 19 %**
Nettoumsatz + Umsatzsteuer
(siehe 2.4.1)

Umsätze zum ermäßigten Steuersatz

- **Lieferungen und sonstige Leistungen zu 7 %**
Nettoumsatz + Umsatzsteuer
(siehe 2.4.2)

Abziehbare Vorsteuerbeträge

- **Vorsteuerbeträge aus Rechnungen von anderen Unternehmern (§ 15 Abs. 1 S. 1 Nr. 1 UStG)**
(siehe 2.7.1)

- **Vorsteuerbeträge, die nach allgemeinen Durchschnittssätzen berechnet sind (§§ 23 und 23a UStG)**
(siehe 2.7.2)

Verbleibende Umsatzsteuer-Vorauszahlung
Verbleibender Umsatzsteuer Überschuss
(Überschuss-Betrag mit Minus angeben)
Diese Zeile immer ausfüllen, auch wenn Sie im Voranmeldungszeitraum weder steuerpflichtige Umsätze noch Vorsteuer hatten. In diesem Fall schreiben Sie „0".

2.10 Umsatzsteuer – Keine Panik!

Wie schon zur Einkommensteuer gesagt (1.6): Lassen Sie sich als steuerlicher Laie nicht abschrecken. Und haben Sie keine Angst, dass ein Fehler Ihrerseits negative Konsequenzen haben könnte. Denn Sie reichen mit Ihrer Steuererklärung immer auch (Kopien) Ihrer Unterlagen mit ein. Diese sieht Ihr Sachbearbeiter durch und erkennt, wenn Ihnen ein Fehler unterlaufen ist. Er korrigiert diesen dann – gegebenenfalls nach Rückfrage bei Ihnen.

Sie sind der kommunikative Typ? Bei vielen Finanzämtern ist es auch möglich, die Steuererklärung persönlich vorbeizubringen und mit dem Sachbearbeiter die Ihnen problematisch erscheinenden Punkte durchzugehen. Oder Sie greifen zum Telefon und stellen ihm Ihre Fragen.

3. Der Steuerbescheid

Hinweis: Die Abgabenordnung (AO) in ihrer aktuellen Fassung finden Sie hier:
https://www.gesetze-im-internet.de/ao_1977/

Jeder zweite Steuerbescheid ist falsch. Das ist kein Plot für eine Räuberpistole, sondern Realität. Doch oftmals wird das einfach so „geschluckt", denn die Angst vor dem „übermächtigen Gegner Finanzamt" ist groß, und „was kann ich als bürokratiegeplagter Autor schon dagegen tun?" „Viel." „Was?" Das erfahren Sie in diesem Kapitel.

Hinweis: Als Beispiel wird hier ein Einkommensteuerbescheid verwendet. Das Gesagte gilt jedoch auch für andere Bescheide, wie den Umsatzsteuerbescheid.

3.1 Grundlegendes zum Steuerbescheid

Nachfolgend einige Grundlagen zum Aufbau eines Steuerbescheides. Ein Steuerbescheid besteht aus notwendigen und sonstigen Bestandteilen.

3.1.1 Notwendige Bestandteile

Notwendige Bestandteile eines Steuerbescheides sind:

- der **Urheber** des Bescheids, also das Finanzamt oder die andere Behörde, die ihn erlassen hat;
- die **festgesetzte Steuer**, also:
  - die Art der Steuer, z. B. Einkommensteuer und Solidaritätszuschlag, Umsatzsteuer; Kirchensteuer;
  - der Zeitraum, z. B. Jahr, Voranmeldungszeitraum;
  - der Betrag, also die Höhe der festgesetzten Steuer.
- der **Steuerpflichtige** – also Sie: Sie sind Steuerschuldner, wenn Sie Steuern bezahlen müssen und Steuergläubiger, wenn Sie eine Erstattung erhalten.
  Hier gilt, dass Sie als Person eindeutig und zweifelsfrei identifizierbar sein müssen. Dafür ist es nicht unbedingt notwendig, dass alle Angaben – Name, Adresse, Steuernummern - vollständig sind. Wenn aufgrund der vorhandenen

Angaben eine Verwechslung ausgeschlossen ist, ist ein Fehlen einzelner Angaben unschädlich.

Beispiel (notwendige Bestandteile):

Finanzamt Buchstadt

Bescheid für das Jahr 01 über Einkommensteuer

Frau
Anna Autorin
Schreibgasse 25
88888 Buch

Identifikationsnummer: 1234567890
Steuernummer 123/456/78900

Festsetzung
Festgesetzt werden: Einkommensteuer 4.062,00 €

3.1.2 Sonstige Bestandteile

Neben den notwendigen besteht der Steuerbescheid auch noch aus sonstigen Bestandteilen:

- das **Bescheiddatum**:
  Dieses ist insbesondere für die Einspruchsfrist (3.3.2) und die Verjährung (3.7) wichtig.

- **Abrechnungen**:

    - Hier werden seitens der Finanzkasse von Ihnen geleistete Vorauszahlungen angerechnet.

    - Des Weiteren werden im Rahmen der Abrechnung aber auch Erstattungen mit offenen Nachzahlungen verrechnet.

    Hinweis: Die Abrechnung ist eine gar nicht so seltene Fehlerquelle. Deshalb kann es sich für Sie durchaus lohnen, zu überprüfen, ob auch alle von Ihnen geleisteten Vorauszahlungen korrekt berücksichtigt wurden und ob nicht etwa Nachzahlungen verrechnet wurden, die Sie schon längst bezahlt haben.

- **Besteuerungsgrundlagen**:
  Hier wird die Berechnung der einzelnen Steuern dargestellt.
  Sie sollten z. B. überprüfen, ob das Finanzamt Ihren Gewinn/Verlust aus Autorentätigkeit von der Steuererklärung richtig übertragen hat.

- **Erläuterungen**:
  Diese können wichtige Informationen über das Zustandekommen Ihres Steuerbescheides und der Berechnungen enthalten:

- Formell: Handelt es sich z. B. um einen Schätzbescheid, weil die Steuererklärung von Ihnen noch nicht eingereicht wurde?

- Materiell: Ist das Finanzamt von der von Ihnen eingereichten Steuererklärung abgewichen – und warum?

Es empfiehlt sich, die Erläuterungen immer sehr genau zu lesen, denn meist ergeben sich hieraus wichtige Anhaltspunkte über die Gründe des Finanzamts.

Hinweis: Selbst wenn nichts in den Erläuterungen steht, können trotzdem Abweichungen zu Ihrer Steuererklärung bestehen, die vom Sachbearbeiter einfach nicht genannt wurden. Deshalb immer die Berechnungen im Steuerbescheid mit Ihren eigenen vergleichen.
Die meisten Steuerprogramme erhalten relativ zuverlässige und detaillierte Berechnungen, sodass Sie hier nicht „allein dastehen" und Ihre Steuern selbst ausrechnen müssen.

- Die **Rechtsbehelfsbelehrung**:
Diese teilt Ihnen mit, wie sie sich gegen den Steuerbescheid „wehren" können. Mehr dazu unter <u>3.2.3</u>.

Beispiel (sonstige Bestandteile):

<notwendige Bestandteile sh. oben>

11.11.02

Abrechnung: (Stichtag 02.11.02) der Finanzkasse des Finanzamts Buchstadt
bereits getilgt: 3.400,00 €
mithin sind zu wenig entrichtet: 662,00 €
Bitte zahlen Sie bis spätestens 13.12.02 662,00 €

Den Gesamtbetrag von 662,00 € zahlen Sie bitte bis zum angegebenen Fälligkeitstag auf eines der angegebenen Konten.

Besteuerungsgrundlagen
Berechnung des zu versteuernden Einkommens ...
Berechnung des Solidaritätszuschlags ...

Erläuterungen zur Festsetzung
Die geltend gemachten Fortbildungskosten konnten nur in Höhe von 365,00 € berücksichtigt werden.

Rechtsbehelfsbelehrung

3.2 Fehler im Steuerbescheid

Fehler im Steuerbescheid kommen öfters vor, als man denkt. Deshalb nachfolgend einige Erklärungen. Grundsätzlich ist zwischen Fehlern bei notwendigen Bestandteilen und anderen Fehlern zu unterscheiden.

3.2.1 Fehler bei notwendigen Bestandteilen

Fehlt in Ihrem Steuerbescheid ein notwendiger Bestandteil (Erlassende Behörde/Festgesetzte Steuer/Steuerpflichtiger), ist der Bescheid nichtig und somit unwirksam.

Hinweis: Es kann jedoch vorkommen, dass der Finanzbeamte alles richtig eingegeben hat und der Fehler erst im Druckzentrum entstanden ist. Der Finanzbeamte bemerkt davon nichts und leitet bei Nichtzahlung der Steuerschuld Mahn- und Vollstreckungsmaßnahmen ein.
Deshalb ist es – gerade im Fall einer Steuernachzahlung – wichtig, das Finanzamt von dem Fehler zu unterrichten und nicht darauf zu vertrauen, dass der Bescheid nichtig ist und deshalb „schon nichts passieren wird".

3.2.2 Sonstige Fehler

Fehler, die Ihren Steuerbescheid nicht nichtig machen, machen ihn anfechtbar. Solche Fehler können insbesondere sein:

- Der Bescheid wurde von einer nicht zuständigen Behörde erlassen;

- Ihre Betriebseinnahmen wurden fälschlicherweise doppelt oder zu hoch berücksichtigt;

- Ihre Betriebsausgaben wurden fälschlicherweise nicht oder zu niedrig berücksichtigt;

- Ihre geleisteten Vorauszahlungen wurden bei der Abrechnung nicht in die Berechnung von Nachzahlung bzw. Erstattung eingerechnet;

- Zahlendreher oder Kommafehler bei der Berechnung;

Besonders bei Autoren findet man „gerne" folgende Fehler im Steuerbescheid:

- Ihre Einnahmen aus Buchverkäufen werden hinzugeschätzt, weil von Ihnen mehr Bücher beim Verlag bestellt wurden, als verkauft.

Hier empfiehlt sich als Gegenmaßnahme: Auflistungen über Freiexemplare, Rezensionsexemplare, Exemplare für Verlosungen und Leserunde, Exemplare zum Dank für Testleser, Exemplare für Veranstalter von Lesungen als Akquise (1.4.6.2).

- Ihre Verluste aus Autorentätigkeit werden nicht anerkannt, obwohl in den Folgejahren Gewinne erwirtschaftet wurden.

Mögliche Gegenmaßnahme: Dem Finanzamt Ihre aktuellen Zahlen vorlegen (1.2).

- Ihre Reisekosten wurden nicht oder zu niedrig angesetzt.

Gegenmaßnahme: Die berufliche Notwendigkeit Ihrer Reise darlegen und Ihre Ausgaben belegen (1.4.3).

- Die Durchschnittssätze für Ihre Vorsteuer als Autor, Journalist etc. wurden nicht oder zu niedrig angesetzt.

Gegenmaßnahme: Das Finanzamt auf die Wahl der Durchschnittssätze hinweisen (2.7.2). Dies wird nämlich hin und wieder von Finanzbeamten übersehen, die nicht so oft mit Autoren „zu tun" haben.

3.2.3 Was tun gegen Fehler im Steuerbescheid?

Grundsätzlich gilt: Sie sind Fehlern nicht schutzlos ausgeliefert, sondern Sie können dagegen vorgehen. Wie, das hängt davon ab:

- Ob ein Einspruch (3.3) eingelegt werden kann (Einspruchsfrist (3.3.2) beachten!!!).

- Ob der Bescheid unter Vorbehalt der Nachprüfung steht (siehe hierzu 3.4) und eine Änderung des Bescheids deshalb jederzeit möglich ist.

- Ob eine vorläufige Festsetzung stattgefunden hat (siehe 3.4.2), weil gewisse Sachverhalte – zum Beispiel die Gewinnerzielungsabsicht – noch nicht abschließend beurteilt werden können.

- Ob der Fall einer möglichen Änderung bei offenbaren Unrichtigkeiten vorliegt, zum Beispiel bei einem Rechenfehler (siehe hierzu 3.5.1).

- Ob ein Antrag auf schlichte Änderung – innerhalb der Einspruchsfrist – gestellt werden kann (siehe 3.5.2).

- Ob die Möglichkeit von Änderungen aufgrund von Änderungsvorschriften besteht (siehe hierzu 3.5.3, 3.5.4 und 3.5.5).

3.3 Einspruch gegen den Steuerbescheid

Nachfolgend erfahren Sie mehr über die Möglichkeit des Einspruchs gegen den Steuerbescheid. Hierzu wird immer erst die einschlägige Stelle in der Rechtsbehelfsbelehrung zitiert und anschließend genauer erklärt.

„Rechtsbehelfsbelehrung:
Dieser Bescheid kann mit dem Einspruch angefochten werden."

Die Möglichkeit des Einspruchs steht nicht nur im Gesetz (im 7. Teil der Abgabenordnung, §§ 347 ff. AO), sondern sie ist auch ausdrücklich auf der Rechtsbehelfsbelehrung dargestellt, die – meist – auf dem Bescheid im Anschluss an die Erläuterungen zu finden ist.

3.3.1 Form des Einspruchs

„Rechtsbehelfsbelehrung:
[…] Der Einspruch ist bei dem vorbezeichneten Finanzamt oder bei der angegebenen Außenstelle schriftlich einzureichen oder zur Niederschrift zu erklären."

Wichtig ist hier, dass Sie den Einspruch nicht telefonisch einlegen dürfen, sondern dass er schriftlich eingereicht werden muss. Wenn Sie Probleme mit dem Formulieren des Einspruchs oder – z. B. krankheitsbedingt – dem Schreiben selbst haben, können Sie auch zum Finanzamt gehen und dort Ihren Einspruch diktieren „zur Niederschrift erklären".

Adressat Ihres Einspruchs ist das Finanzamt, das auf dem Briefkopf Ihres Steuerbescheides steht.

3.3.2 Einspruchsfrist

„Rechtsbehelfsbelehrung:
[...] Die Frist für die Einlegung des Einspruchs beträgt einen Monat.
Sie beginnt mit Ablauf des Tages, an dem Ihnen dieser Bescheid bekannt gegeben worden ist."

In diesem Abschnitt sind zwei entscheidende Punkte erwähnt:
Die Einspruchsfrist (Monatsfrist) und deren Beginn.

3.3.2.1 Fristbeginn

Die Ermittlung der Einspruchsfrist steht an erster Stelle:

„Rechtsbehelfsbelehrung:

[…] Die Frist für die Einlegung des Einspruchs […] beginnt mit Ablauf des Tages, an dem Ihnen dieser Bescheid bekannt gegeben worden ist."

Die erwähnte Bekanntgabe kann dabei auf zwei Arten erfolgen, die Einfluss auf den Fristbeginn für Ihren Einspruch haben:

- durch einfachen Brief oder Übergabeeinschreiben;

- durch förmliche Zustellung, also Zustellung mit Zustellungsurkunde oder Einschreiben mit Rückschein oder gegen Empfangsbekenntnis.

„Rechtsbehelfsbelehrung:

[…] Bei Zusendung durch einfachen Brief oder bei Zustellung mittels Einschreiben durch Übergabe gilt die Bekanntgabe mit dem dritten Tag nach Aufgabe zur Post als bewirkt, es sei denn, dass der Bescheid zu einem späteren Tag zugegangen ist."

Die sogenannte Dreitagesfiktion berücksichtigt, dass der Bescheid auf dem Postweg oft länger als einen Tag unterwegs ist. Sie soll unnötige Streitigkeiten über den Zugangszeitpunkt vermeiden.

Beispiel:

Bescheid vom 14.11.01
Bekanntgabe nach der Dreitagesfiktion am 17.11.01 (Montag)

Hinweis: 01 und alle andere Jahre sind fiktive Jahre.

Bei der Dreitagesfiktion gibt es noch ein paar Besonderheiten zu beachten:

- Es gibt Fälle, in denen der dritte Tag nicht als Tag der Bekanntgabe gilt, sondern diese „nach hinten" verschoben wird:

  Beispiel:

  Bescheid vom 12.11.01
  Bekanntgabe nach der Dreitagesfiktion am 15.11.01 (Samstag)
  Jedoch Verlängerung auf den 17.11.01 (Montag = nächster Werktag)

  Die Verlängerung auf den nächsten Werktag gilt für Samstage, Sonntage und gesetzliche Feiertage.

- Wenn der tatsächliche Zugang später erfolgt, gilt die Dreitagesfiktion nicht:

Beispiel:

Bescheid vom 10.11.01
Tatsächlicher Zugang: 20.11.01 (Donnerstag)
Tatsächlicher Zugang zu späterem Zeitpunkt: dieser zählt, somit 20.11.01

Den tatsächlichen Zugang zum späteren Zeitpunkt müssen Sie dem Finanzamt jedoch nachweisen; insbesondere dann, wenn die reguläre Einspruchsfrist schon abgelaufen ist.

Der Nachweis ist naturgemäß nicht ganz einfach. Jedoch akzeptieren die meisten Finanzämter beispielsweise einen schriftlichen Vermerk des Postboten oder die Aussage von Zeugen. Letztere könnten z. B. bestätigen, dass sie gesehen haben, wie Sie den Brief verspätet erhalten haben, oder dass auch ihre eigene Post verspätet ankam.

Generell gilt: Je zuverlässiger Sie sonst sind, desto eher „glaubt" Ihnen Ihr Sachbearbeiter den verspäteten Zugang.

- Kommt die Post früher bei Ihnen an, gilt dennoch die Dreitagesfiktion.

Beispiel:

Bescheid vom 10.11.01
Tatsächlicher Zugang: 11.11.01 (Dienstag)
Tatsächlicher Zugang zu früherem Zeitpunkt: Dreitagesfiktion, somit 13.11.01 (Donnerstag)

Hierdurch soll vermieden werden, dass Sie, wenn Ihre Post rechtzeitig kommt, benachteiligt werden.

„Rechtsbehelfsbelehrung:

[...] Bei Zustellung durch Zustellungsurkunde oder durch Einschreiben mit Rückschein oder gegen Empfangsbekenntnis ist der Tag der Bekanntgabe der Tag der Zustellung."

Beispiel:

Bescheid vom 13.11.01
Förmliche Zustellung: 14.11.01 (Freitag)
Förmliche Zustellung: Keine Dreitagesfiktion, Bekanntgabe am Tag der Zustellung (14.11.01)

Die förmliche Zustellung wird insbesondere dann vom Finanzamt gewählt, wenn der Eintritt der Verjährung für den Bescheid droht oder des Öfteren Post vom Finanzamt nicht bei Ihnen angekommen ist.

3.3.2.2 Fristende

Nach dem Fristbeginn ist nun das Fristende zu klären.

„Rechtsbehelfsbelehrung:
[…] Die Frist für die Einlegung des Einspruchs beträgt einen Monat.
Sie beginnt mit Ablauf des Tages, an dem Ihnen dieser Bescheid bekannt gegeben worden ist."

Beispiel:

Bekanntgabe Steuerbescheid am 17.11.01
Fristbeginn: 18.11.01
Fristende: 17.12.01 (Mittwoch)

Beispiel:

Bekanntgabe Steuerbescheid am 14.11.01

Fristbeginn: 15.11.01
Fristende: 14.12.01 (Sonntag)
Jedoch Verlängerung auf 15.12.01 (Montag = nächster Werktag)

Voraussetzung für den Beginn der Monatsfrist ist die Rechtsbehelfsbelehrung. Fehlt diese in Ihrem Bescheid oder wurde sie unrichtig erteilt, gilt für den Einspruch die Jahresfrist.

Beispiel:

Bekanntgabe Steuerbescheid am 17.11.01
Rechtsbehelfsbelehrung fehlt
Fristbeginn: 18.11.01
Fristende: 17.11.**02** (Dienstag)

Das kann beispielsweise dann vorkommen, wenn der erste Bescheid an Sie nicht zugegangen ist und Sie deshalb – zum Beispiel nach einer Zahlungserinnerung des Finanzamts – den Bescheid nochmals anfordern. Bei einigen Finanzämtern erhalten Sie dann nur eine „Aktenausfertigung", bei der hin und wieder die Rechtsbehelfsbelehrung fehlt.

3.3.2.3 Frist versäumt? – Wiedereinsetzung

Nicht nur Abgabetermine bei Verlagen sollten von Ihnen als Autor eingehalten werden, sondern auch die Einspruchsfrist. Denn nach deren Ablauf ist ein Einspruch eigentlich unzulässig – es sei denn, Sie haben die Frist ohne Verschulden versäumt. Dann besteht die Möglichkeit des „Antrags auf Wiedereinsetzung in den vorigen Stand" (§ 110 AO).

Bei erfolgreichem Antrag werden Sie so behandelt, als ob Sie die Frist nicht versäumt hätten.

Die Voraussetzungen hierfür sind:

Sie mussten am Tag des Fristablaufs verhindert sein, den Einspruch einzulegen.

Beispiel:

Fristablauf: 15.01.01
Verhindert am: 15.01.01
Bedingung der Verhinderung erfüllt

Beispiel:

Fristablauf: 15.01.01
Verhindert am: 11.-14.01. und 16.-20.01

Bedingung der Verhinderung nicht erfüllt, da am Tag des Fristablaufs selbst nicht verhindert
---

Die Verhinderung muss ohne Verschulden eingetreten sein:

- Hiervon werden Finanzämter in der Regel ausgehen, wenn Ihnen als sonst pflichtbewusstem Autor, der sich sonst immer an die Fristen des Finanzamts hält, der Bescheid unbemerkt zwischen einen Bücherstapel gerutscht ist.

- Einem notorischen Schlamper, der schon oft Fristen des Finanzamtes versäumt hat, wird dagegen in der Regel Verschulden unterstellt.

- Dass wegen eines Krankenhausaufenthalts die Frist nicht eingehalten werden kann, wird in der Regel akzeptiert. Insbesondere dann, wenn der Aufenthalt unvorhergesehen kommt (z. B. Blinddarm) und keine vertrauenswürdige Person erreichbar ist, die sich um Ihre Angelegenheiten kümmern kann.

- Wenn dagegen wegen eines lange geplanten Kuraufenthalts die Frist versäumt wird, weil Sie niemanden beauftragt haben, sich während Ihrer Abwesenheit um Ihre Angelegenheiten zu kümmern, dann sehen viele Finanzämter darin ein Verschulden.

Den Antrag auf Wiedereinsetzung müssen Sie innerhalb eines Monats nach Wegfall des Hindernisses stellen.

- Dabei sind von Ihnen die Wiedereinsetzungsgründe glaubhaft zu machen. Sie müssen also darlegen, dass die Frist von Ihnen ohne Verschulden versäumt wurde. Beispielsweise durch Vorlage eines Attests Ihres behandelnden Arztes oder durch schlüssige Darstellung des Geschehens.

- Sie müssen die versäumte Handlung nachholen, also den Einspruch einlegen.

Zu beachten ist, dass Sie nach dem Ende der versäumten Frist maximal ein Jahr Zeit haben, den Antrag auf Wiedereinsetzung zu stellen und die versäumte Handlung nachzuholen. Eine längere Frist gibt es nur bei „höherer Gewalt", beispielsweise Naturkatastrophen.

3.3.3 Hemmung der Zahlungsfrist

Vorsicht, noch ist Ihr Geld nicht sicher vor dem Finanzamt:

„Rechtsbehelfsbelehrung
[…] auch wenn Sie einen Einspruch einlegen, müssen Sie die angeforderten Beträge fristgemäß zahlen, es sei denn, dass die Vollziehung des Bescheides ausgesetzt oder Stundung gewährt wurde."

3.3.3.1 Antrag auf Aussetzung der Vollziehung

Um zu verhindern, dass es zu Mahnungen (nebst Säumniszuschlägen 3.6.3) oder gar Vollstreckungsmaßnahmen kommt, ist es notwendig, dass Sie im Rahmen des Einspruchs Antrag auf Aussetzung der Vollziehung stellen (§ 361 AO). Hierfür gibt es, je nach Stand des Verfahrens, zwei Adressaten:

Das Finanzamt, das den Steuerbescheid erlassen hat. Das ist der Normalfall.

Das Finanzgericht (§ 69 FGO), wenn:

- das Finanzamt den Antrag abgelehnt hat;

- das Finanzamt ohne Mitteilung eines zureichenden Grundes in angemessener Frist sachlich nicht entschieden hat;

- eine Vollstreckung droht.

Zu beachten ist noch, dass Sie bei erfolglosem Einspruch gegebenenfalls Aussetzungszinsen (§ 237 AO) zahlen müssen.

3.3.3.2 Antrag auf Stundung

Wenn Aussetzung der Vollziehung nicht gewährt wird, weil beispielsweise die Zulässigkeit Ihres Einspruchs fraglich ist, kann Stundung (§ 222 AO) beantragt werden. Diese wird in der Regel gegen Zinsen, in Härtefällen auch zinslos gewährt (§ 234 AO).

Stundung ist Ihnen – oftmals gegen Sicherheitsleistung – zu gewähren, wenn die Einziehung bei Fälligkeit eine erhebliche Härte für Sie bedeuten würde und der Anspruch durch die Stundung nicht gefährdet erscheint.

Hinweis: Stundung wird in der Regel nur für die Einkommensteuer gewährt, nicht jedoch für die Umsatzsteuer (Mehrwertsteuer).

3.3.4 Muster eines Einspruchs

Anna Autorin
Schreibgasse 25
88888 Buch

25.11.02

An das Finanzamt Buchstadt
Postfach 88888
88888 Buchstadt

Identifikationsnummer: 1234567890
Steuernummer 123/456/78900 – Anna Autorin
Bescheid über Einkommensteuer 01 vom 11.11.02

Sehr geehrte Damen und Herren,

hiermit lege ich **Einspruch** gegen oben genannten Bescheid ein und beantrage **Aussetzung der Vollziehung** in Höhe von 150,00 €.

Begründung:

Die Fortbildungskosten in Italien sind in voller Höhe zu berücksichtigen, da Sie meiner Tätigkeit als Autorin dienen. Sie wurden von Frau Diana Dramatica abgehalten und folgten einem strikten Stundenplan, den ich Ihnen zusammen mit den Kursunterlagen beigefügt habe. Frau Dramatica ist die Expertin im Bereich der dramatischen Liebesliteratur des späten Mittelalters in mediterranen Gebieten und bietet ihre Seminare ausschließlich in der Toskana an.

Mit freundlichen Grüßen

Anna Autorin

Hinweis: Zwar können Sie den Einspruch auch ohne Begründung einreichen. Es empfiehlt sich jedoch, eine solche beizufügen, damit auch sicher ist, dass sich der Sachbearbeiter im Finanzamt mit den von Ihnen beanstandeten Punkten beschäftigt.

Sie können die Begründung auch nachreichen, beispielsweise, wenn die Einspruchsfrist bald abläuft.

Beispiel:
(wie im obigen Muster, nur:)

Begründung:
Die Begründung wird nachgereicht.

Die Begründung kann auch noch nach Ablauf der Einspruchsfrist nachgereicht werden – Hauptsache, Sie haben den Einspruch als solchen rechtzeitig eingereicht.

3.3.5 Vorsicht Verböserung

Zu beachten ist noch, dass beim Einspruch die Gefahr einer „Verböserung" besteht, also einer Verschlechterung im Vergleich zum angefochtenen Bescheid. Dies liegt daran, dass das Finanzamt Ihren Steuerfall nochmals vollumfänglich prüft; es wird sich zwar auch mit Ihrer Einspruchsbegründung beschäftigen, ist aber an diese nicht gebunden.

Beispiel:

Ihre Einspruchsbegründung moniert:
- 2.000 € Reisekosten zu wenig angesetzt

Einspruchsprüfung des Finanzamts ergibt:
- 2.000 € Reisekosten zu wenig angesetzt
- 2.500 € Betriebseinnahmen zu wenig angesetzt

In Summe bedeutet dies:
500 € „Verböserung" zu Ihren Lasten

Da das Finanzamt Sie auf die Möglichkeit einer „Verböserung" hinweisen muss, empfiehlt es sich in solchen Fällen meist, den Einspruch zurückzunehmen. Dann haben Sie zwar nicht Ihr „Wunschziel" erreicht, aber zumindest keinen unmittelbaren Schaden durch den Einspruch erlitten.

3.3.6 Einzelfragen zum Einspruch

Hinweis: Die nachfolgenden Ausführungen beschäftigen sich mit Einzelfragen, nämlich dem Änderungsbescheid (3.3.6.1), dem Änderungsbescheid im laufenden Einspruchsverfahren (3.3.6.2), der Erledigterklärung (3.3.6.3) und den Auswirkungen der Einspruchsentscheidung (3.3.6.4).

3.3.6.1 Änderungsbescheid

Oft ergeht ein Änderungsbescheid erst nach Ablauf der Einspruchsfrist des Erstbescheids. Beispielsweise, weil Betriebsausgaben nach einer erneuten Überprüfung nicht anerkannt wurden oder das Finanzamt einen Rechenfehler korrigiert.

Hier ist zu beachten, dass, wenn ein Erstbescheid mangels Einspruch bestandskräftig ist, der Änderungsbescheid mit Einspruch nur angefochten werden kann, soweit die Änderung reicht.

Beispiel:

Erstbescheid – mangels Einspruch bestandskräftig:

- Fortbildungskosten falsch angesetzt
- Reisekosten antragsgemäß berücksichtigt

Änderungsbescheid – Einspruchsfrist noch nicht abgelaufen:
- Abweichung vom Erstbescheid: Reisekosten nicht berücksichtigt

Änderungsbescheid kann angefochten werden
- bzgl. nicht berücksichtigter Reisekosten
- nicht jedoch wegen der Fortbildungskosten

Hinweis: Hilfe bringen hier gegebenenfalls Berichtigungs- und Änderungsvorschriften (siehe 3.5).

3.3.6.2 Änderungsbescheid im laufenden Einspruchsverfahren

Es kommt vor, dass während des laufenden Einspruchsverfahrens ein geänderter Steuerbescheid ergeht, der wiederum nicht Ihren Wünschen entspricht. Wenn es jetzt möglich wäre, auch gegen den geänderten Bescheid Einspruch einzulegen, während der erste Einspruch noch nicht entschieden ist, würde das in Chaos ausarten. Es bestünde die Gefahr, dass z B. verschiedene Sachbearbeiter in Ermessensentscheidungen unterschiedlich entscheiden und dann zwei abweichende Einspruchsentscheidungen zum gleichen Fall ergehen.

Deshalb:

„Rechtsbehelfsbelehrung

[…] Der Einspruch ist jedoch ausgeschlossen, soweit dieser Bescheid einen Verwaltungsakt ändert oder ersetzt, gegen den ein zulässiger Einspruch oder (nach einem zulässigen Einspruch) eine zulässige Klage, Revision oder Nichtzulassungsbeschwerde anhängig ist. In diesem Fall wird der neue Verwaltungsakt Gegenstand des Rechtsbehelfsverfahrens."

Beispiel:

Steuerbescheid vom 15.06.:
650 € zu wenig Fortbildungskosten

Einspruch dagegen am 28.06.:
Zulässig

Geänderter Bescheid am 29.07.:
350 € zu wenig Fortbildungskosten – das erste Einspruchsverfahren läuft noch.

Einspruch gegen geänderten Bescheid am 10.08.:
Nicht zulässig, da über den ersten Einspruch noch nicht entschieden wurde; die 350 € zu wenig wer-

den aber im laufenden Einspruchsverfahren weiter behandelt.

Es empfiehlt sich jedoch, den beanstandeten Punkt im laufenden Einspruchsverfahren – z. B. im Rahmen der Einspruchsbegründung – ausdrücklich geltend zu machen. Denn nur dann können Sie vermeiden, dass das Finanzamt den Fehler „übersieht" und ein späterer Einspruch gegen den neu hinzugekommenen Fehler nicht mehr möglich ist.

3.3.6.3 Erledigterklärung

Wenn durch den geänderten Bescheid (Abhilfebescheid) der ursprüngliche Bescheid vom Finanzamt „für erledigt erklärt" wurde, ist der Einspruch gegen den geänderten Bescheid zulässig. Denn die Formulierung „Hiermit erledigt sich Ihr Einspruch vom ___" bedeutet, dass das Finanzamt den Einspruch gegen den ursprünglichen Bescheid – aus seiner Sicht – abschließend behandelt hat und der Einspruch nicht mehr „anhängig" ist.

Beispiel:

Steuerbescheid vom 15.06.:
650 € zu wenig Fortbildungskosten

Einspruch dagegen am 28.06.:
Zulässig

Geänderter Bescheid am 29.07.:
350 € zu wenig Fortbildungskosten – mit dem Zusatz: „Hiermit erledigt sich Ihr Einspruch vom 28.06."

Einspruch gegen geänderten Bescheid am 10.08.:
Zulässig, da über den ersten Einspruch am 29.07. entschieden wurde und der Abhilfebescheid noch immer fehlerhaft ist.

3.3.6.4 Einspruchsentscheidung

Wenn ein Einspruch durch eine Einspruchsentscheidung entschieden wird, dann ist der Einspruch hiergegen unzulässig (§ 348 AO). Gegen die Einspruchsentscheidung ist somit nur noch die Klage vor dem Finanzgericht möglich. Näheres dazu finden Sie dann in den Rechtsbehelfsbelehrungen der Einspruchsentscheidung.

3.4 Vorbehalts- und vorläufige Festsetzung

Es gibt Fälle, in denen die Festsetzung des Steuerbescheids noch nicht endgültig ist, weil z B. noch Klärungsbedarf seitens des Finanzamtes besteht.

3.4.1 Steuerbescheid unter Vorbehalt der Nachprüfung

In Ihrem Bescheid kann folgender Hinweis stehen:

„**Festsetzung:**
<u>Art der Steuerfestsetzung:</u>
Der Bescheid ergeht nach § 164 Abs. 1 AO unter Vorbehalt der Nachprüfung."

Dies bedeutet, dass der Bescheid jederzeit aufgehoben oder geändert werden kann.

- Der Vorteil ist, dass Sie sowohl die Beseitigung von Fehlern des Finanzamts verlangen, als auch noch vergessene Ausgaben geltend machen können.

- Der Nachteil ist, dass das Finanzamt auch jederzeit Änderungen zu Ihren Ungunsten vornehmen kann.

Eine Festsetzung unter Vorbehalt der Nachprüfung kann – muss aber nicht – ein Hinweis auf eine möglicherweise anstehende Betriebsprüfung sein.

Seit einiger Zeit geht in einigen Finanzämtern die Tendenz dahin, dass fast alle Bescheide unter Vorbehalt der Nachprüfung ergehen, der dann nach ein bis zwei Jahren wieder aufgehoben wird.

Es gibt jedoch auch Steuerbescheide, die schon kraft Gesetzes unter Nachprüfungsvorbehalt ergehen, beispielsweise bei Steueranmeldungen (§ 168 AO), wie der Umsatzsteuervoranmeldung.

3.4.2 Vorläufige Festsetzung des Steuerbescheides

Relevant für Sie als Autor ist insbesondere der folgende Vermerk:

„**Festsetzung:**
Art der Steuerfestsetzung:
Der Bescheid ist nach § 165 Abs. 1 S. 1 AO teilweise vorläufig.

Erläuterungen zur Festsetzung
Die Festsetzung der Einkommensteuer ist vorläufig hinsichtlich der Einkünfte aus selbständiger Arbeit als Schriftsteller, weil zur Zeit die Gewinnerzielungsabsicht nicht abschließend beurteilt werden kann."

Der genannte Vorläufigkeitsvermerk findet sich immer dann, wenn sich die Ungewissheit über die Voraussetzungen der Steuerentstehung nicht auf den ganzen Bescheid bezieht, sondern nur auf den im Vermerk genannten Bereich.

Das bedeutet beim Vorläufigkeitsvermerk über die Gewinnerzielungsabsicht aus Autorentätigkeit: Es geht nur um die Autorentätigkeit; andere Bereiche – andere Einkunftsarten, Sonderausgaben, außergewöhnliche Belastungen etc. – sind nicht davon betroffen.

3.5　Änderungsvorschriften für Steuerbescheide

Außerhalb des Einspruchsverfahrens bzw. der Vorbehalts- und vorläufigen Festsetzung gibt es noch weitere Möglichkeiten, Steuerbescheide zu ändern. Die wichtigsten werden nachfolgend anhand von Beispielen kurz dargestellt.

3.5.1 Offenbare Unrichtigkeiten

Eine „offenbare Unrichtigkeit" (Zahlendreher, Schreibfehler) im Steuerbescheid kann jederzeit berichtigt werden (§ 129 AO).

Beispiel:

Reisekosten laut Ihrer Steuererklärung: 852 €
Reisekosten laut Einkommensteuerbescheid: 285 €

3.5.2 Antrag auf „schlichte Änderung"

Die Änderung eines Steuerbescheids kann auch auf Ihren (bloßen) Antrag, also ohne Einspruch erfolgen (§ 172 Abs. 1 S. 1 Nr. 2a AO).

Die Änderung zu Ihren Gunsten ist jedoch nur innerhalb der Einspruchsfrist möglich.

Beispiel:

Fortbildungsaufwand laut Ihrer Steuererklärung: 1.850 €
Fortbildungsaufwand laut Einkommensteuerbescheid: 400 €

Sie telefonieren innerhalb der Einspruchsfrist mit der Finanzbeamtin, diese will den Bescheid ohne Einspruch ändern

---

Der Antrag auf schlichte Änderung hat mehrere Vorteile:

- Er kann, anders als der Einspruch, auch mündlich per Telefon gestellt werden.

- Er führt nur zu einer punktuellen Änderung des Bescheides, es wird nicht, wie beim Einspruch, der ganze Fall aufgerollt.

- Er ist mit weniger Bürokratie verbunden, da kein formelles Einspruchsverfahren geführt werden muss.

Vorsicht ist jedoch dann geboten, wenn das Finanzamt entgegen seiner Zusage bis kurz vor Ablauf der Einspruchsfrist die Änderung des Bescheids nicht vornimmt. Dann empfiehlt es sich gegebenenfalls, „fristwahrend" Einspruch einzulegen.

Hinweis: Eine schlichte Änderung zu Ihren Lasten kann – mit Ihrer Zustimmung – durch das Finanzamt auch noch nach Ablauf der Einspruchsfrist erfolgen.

Das ist z. B. dann eine Option, wenn aufgrund von irrtümlich zu gering angesetzten Einkünften aus Autorentätigkeit die Nicht-Anerkennung der Gewinnerzielungsabsicht („Liehaberei") droht (1.2) oder das Mindesteinkommen für die Künstlersozialkasse unterschritten wird (dazu 6.2.3).

3.5.3 Aufhebung oder Änderung wegen neuer Tatsachen oder Beweismittel

Sie können die Änderung Ihres Steuerbescheids aufgrund neuer Tatsachen oder Beweismittel zu Ihren Gunsten insoweit verlangen, als Ihrerseits kein grobes Verschulden vorliegt (§ 173 AO).

Beispiel:

Sie finden noch zwei Belege über Betriebsausgaben, die Sie noch nicht in Ihrer Steuererklärung angegeben haben:

- 500 € Beleg versehentlich in anderen Ordner gerutscht
- 400 € Beleg verschlampt

Mögliche Änderung zu Ihren Gunsten: 500 €

Wird der Bescheid aufgrund Ihres Antrags hinfällig, ist er aufzuheben.

Zu Ihren Lasten kann der Bescheid auch ohne grobes Verschulden geändert oder aufgehoben werden.

3.5.4 Aufhebung oder Änderung wegen Mehrfachberücksichtigung

Eine „widerstreitende Steuerfestsetzung" bei fälschlicher Mehrfachberücksichtigung zu Ihren Lasten ist nach § 174 Abs. 1 AO auf Ihren Antrag zu ändern.

Beispiel:

Die in 02 auf Ihrem Konto eingegangene Tantiemenzahlung für 01 wurde doppelt vom Finanzamt berücksichtigt:

- im Steuerbescheid 01 falsch
- in 02 korrekt

Eine „widerstreitende Steuerfestsetzung" bei fälschlicher Mehrfachberücksichtigung zu Ihren Gunsten kann nach § 174 Abs. 2 AO vom Finanzamt auch ohne Antrag geändert werden.

Beispiel:

Die in 02 von Ihrem Konto abgegangene Betriebsausgabe 01 wurde doppelt vom Finanzamt berücksichtigt:

- im Steuerbescheid 01 falsch
- in 02 korrekt.

Der Bescheid 01 ist zu Ihren Gunsten zu ändern.

Liegt eine Steuerfestsetzung bei Nichtberücksichtigung eines Sachverhalts aufgrund fälschlicher Berücksichtigung in anderen Steuerbescheiden vor, sind die betroffenen Bescheide insoweit zu ändern (§ 174 Abs. 3 AO).

Beispiel:

Betriebsausgaben 01

- In 01 vom Finanzamt fälschlich nicht berücksichtigt
- Vom Finanzamt fälschlich nach 02 zugeordnet

Der Bescheid 01 ist zu Ihren Gunsten, der Bescheid zu 02 zu Ihren Lasten zu ändern.

3.5.5 Aufhebung oder Änderung wegen eines rückwirkenden Ereignisses

Bei Eintritt eines rückwirkenden Ereignisses ist der

betroffenen Steuerbescheid zu ändern (§ 175 Abs. 1 Nr. 2 AO).

Beispiel:

Ein in 01 von Ihnen geschlossener Verlagsvertrag wurde nach Anfechtung rückabgewickelt, den an Sie in 01 ausgezahlten Vorschuss haben Sie zurückerstattet.

Der Bescheid 01 ist zu ändern.

3.6 Zinsen und Zuschläge

Zinsen und Zuschläge erscheinen oft „kryptisch". Das folgende Kapitel soll Ihnen helfen, diese besser zu verstehen und nachvollziehen zu können. So können Sie auch gegebenenfalls das Finanzamt auf Irrtümer hinweisen.

3.6.1 Nachzahlungs- und Erstattungszinsen

Zinslauf und -höhe sind in § 233a AO geregelt.

Der Zinslauf beginnt 15 Monate nach Ablauf des Kalenderjahres der Steuerentstehung, für Ihre Einkommensteuererklärung 01 also mit Ablauf März

03.

Hinweis: Wenn Sie eine Erstattung erhalten, ist zu beachten, dass der Zinslauf frühestens mit Datum der damaligen Zahlung beginnt.

Der zu verzinsende Unterschiedsbetrag wird wie folgt berechnet:

(aktuell) festgesetzte Steuer
- anzurechnende Steuerabzugsbeträge
- anzurechnende Körperschaftsteuer
- bis zu Beginn des Zinslaufs festgesetzte Vorauszahlungen (bisherige Steuer)
= zu verzinsender Unterschiedsbetrag

Die Zinshöhe beträgt 0,5 % für jeden vollen Monat.

Beispiel:

Bescheid für 01 über Einkommensteuer vom 11.11.03

Berechnung der Zinsen:
Festgesetzte Einkommensteuer, vermindert um anzurechnende Steuerabzugsbeträge, anzurechnende Körperschaftsteuer und bis zum Beginn des Zinslaufs festgesetzte Vorauszahlungen …

1.065,00 €

zu verzinsen:
1.065,00 € zu Ihren Ungunsten
1.050,00 € vom 01.04.03 bis 10.11.03
(7 volle Monate zu 0,5 % = 3,5 %): 36,75 €
festzusetzende Zinsen (Nachzahlungszinsen): 36,00 €

Hinweis: Eine Änderung der Steuerfestsetzung führt zur Änderung der Zinsfestsetzung. Von Ihnen bereits (zu viel) gezahlte Beträge werden vom Finanzamt erstattet.

3.6.2 Verspätungszuschlag

Der Verspätungszuschlag ist in § 152 AO geregelt:

- Er kann bei Nichtabgabe oder verspäteter Abgabe Ihrer Steuererklärung festgesetzt werden.

- Seine Höhe ist abhängig von Ihrem Verschulden, maximal 10 % der festgesetzten Steuer, höchstens 25.000 €.

- Bei Änderungen der festgesetzten Steuer ist der Verspätungszuschlag anzupassen.

3.6.3 Säumniszuschlag

Der Säumniszuschlag ist in § 240 AO geregelt:

- Säumniszuschläge sind – verschuldensunabhängig – bei verspäteter Zahlung Ihrer Steuerschuld zu entrichten.

- Die Höhe ist für jeden angefangenen Monat 1 % des Steuerbetrags, der auf einen durch 50 € teilbaren Betrag abzurunden ist.

- Bei Änderung der festgesetzten Steuer bleiben bis dahin angefallene Säumniszuschläge bestehen.

Hinweis: Der Säumniszuschlag ist zwar unabhängig vom Verschulden und bleibt auch bei Änderung bestehen – es kann sich jedoch trotzdem lohnen, beim Finanzamt einen Antrag auf Erlass des Zuschlags zu stellen; insbesondere dann, wenn Sie sonst immer zuverlässig Ihre Steuern bezahlen.

3.7 Festsetzungsverjährung

Die Festsetzungsverjährung (§§ 169 ff. AO) ist deshalb so wichtig, weil nach ihrem Eintritt die Steuer nicht mehr festgesetzt, aufgehoben oder geändert werden darf – weder zu Ihren Gunsten noch zu Ihren Lasten. Bescheide, die nach Eintritt der Verjährung ergehen, sind rechtswidrig.

Die Festsetzungsfrist beginnt mit Ablauf des Kalenderjahrs der Steuerentstehung.
Ist jedoch eine Steuererklärung einzureichen, beginnt sie mit Ablauf des Kalenderjahres der Einreichung, spätestens mit Ablauf des dritten Kalenderjahres der Steuerentstehung, auch wenn keine Steuererklärung eingereicht wurde.

Festsetzungsfristen:

- regelmäßig: vier Jahre

- bei leichtfertiger Steuerverkürzung: fünf Jahre

- bei Steuerhinterziehung: zehn Jahre.

Hinweis: Um ganz sicher zu gehen – und sich auch im Fall eines Steuerstrafverfahrens optimal verteidigen zu können – empfiehlt es sich deshalb, die Unterlagen nicht nur zehn Jahre, wie für Unternehmer gefordert, sondern sogar 13 Jahre aufzuheben, damit Sie im Ernstfall auf Fragen der Steuerfahndung noch etwas zum Vorweisen haben.

Beispiel
(Regelmäßige Verjährung):

Der Bescheid des Finanzamts über Einkommensteuer 01 ergeht am 11.08.08

Sie haben
a) Ihre Steuererklärung am 24.01.03 eingereicht
b) Ihre Steuererklärung am 24.01.05 eingereicht
c) keine Steuererklärung eingereicht.

Die Einkommensteuer 01 entsteht im Jahr 01. Fristbeginn ist damit spätestens der 31.12.04 (3. Kalenderjahr der Steuerentstehung). Festsetzungsverjährung ab dem 01.01.09.

zu a) Festsetzungsverjährung ist bereits am 01.01.08 eingetreten
zu b) Noch keine Festsetzungsverjährung, diese beginnt am 01.01.09 (drittes Kalenderjahr, auch wenn Steuererklärung später eingereicht wurde)
zu c) Noch keine Festsetzungsverjährung, diese beginnt am 01.01.09 (drittes Kalenderjahr, da keine Steuererklärung eingereicht wurde)

3.8 Unklarheiten? – Verbindliche Auskunft

Es ist natürlich hilfreich, schon vor dem Steuerbescheid zu wissen, wie Ihr Finanzamtssachbearbeiter einen bestimmten Sachverhalt behandelt. Dies insbesondere auch dann, wenn es um grundlegende Fragen – wie die Einkunftsart im Einkommensteuerrecht oder Umsatzsteuer bei Auslandssachverhalten – geht und wenn die Frage auch für zukünftige Jahre relevant bleibt.

Hier gibt es die Möglichkeit, eine verbindliche Auskunft (§ 89 Abs. 2 AO) einzuholen und so Unklarheiten zu vermeiden.

Hierfür müssen Sie beim Finanzamt einen schriftlichen Antrag stellen, der Folgendes enthalten muss:

- Ihren Namen, Wohnsitz oder gewöhnlicher Aufenthalt und, soweit vorhanden, Ihre Steuernummer (5.1.2)

- eine umfassende und in sich abgeschlossene Darstellung des zum Zeitpunkt der Antragstellung noch nicht verwirklichten Sachverhalts

- die Darlegung Ihres besonderen steuerlichen Interesses

- eine ausführliche Darlegung des Rechtsproblems mit eingehender Begründung Ihres eigenen Rechtsstandpunktes

- die Formulierung konkreter Rechtsfragen

- die Erklärung, dass über den zur Beurteilung gestellten Sachverhalt bei keiner anderen der in

§ 89 Abs. 2 S. 2 und 3 AO genannten Finanzbehörden (Finanzämter oder Bundeszentralamt für Steuern) eine verbindliche Auskunft beantragt wurde, sowie

- die Versicherung, dass alle für die Erteilung der Auskunft und für die Beurteilung erforderlichen Angaben gemacht wurden und der Wahrheit entsprechen.

Das Finanzamt kann für die verbindliche Auskunft Gebühren verlangen. Diese orientieren sich nach dem Gegenstandswert, der von Ihnen selbst zu ermitteln ist. Wenn dies nicht möglich ist, wird eine Zeitgebühr von 50 € je angefangener Stunde in Rechnung gestellt, mindestens aber 100 €.

Es gibt allerdings eine Bagatellgrenze von 10.000 € Gegenstandswert und 200 € (zwei Stunden Zeitgebühr). Auch hier können Sie vorher Ihren Sachbearbeiter fragen, ob er eine Auskunft in diesem Zeitrahmen für möglich hält. Viele Sachbearbeiter geben darüber vorab gerne Auskunft.

3.9 Steuerbescheid – Keine Panik!

Wie schon zur Einkommensteuer (1.6) und Umsatzsteuer (2.10) gesagt: Lassen Sie sich als steuerlicher Laie nicht abschrecken! Und haben Sie keine

Angst, dass ein Fehler Ihrerseits negative Konsequenzen haben könnte.
Wichtig ist nur, dass Sie die Einspruchsfrist (3.3.2) beachten, aber an Abgabetermine sind Sie als Autor ja gewohnt.
Lesen Sie sich Ihren Steuerbescheid oder auch andere Post vom Finanzamt nach Erhalt aufmerksam durch und wenn Sie Fragen haben, werfen Sie einen Blick in dieses Buch und/oder fragen Sie Ihren Sachbearbeiter beim Finanzamt.

4. Autorenkollektive

Gerade bei größeren Projekten bündeln Autoren gerne mal ihre Kreativität und schreiben gemeinsam. Dies kann auch für das Finanzamt von Interesse sein. Nachfolgend stelle ich Ihnen zwei Modelle und deren – steuerliche – Konsequenzen vor:

4.1 Zusammen schreiben – allein bleiben

Hier tritt jeder Autor für sich selbst auf, hat seine eigenen Verträge, erhält seine eigenen Honorare und hat seine eigenen Ausgaben.

Diese Form findet man beispielsweise bei Anthologien oder auch bei Einzelprojekten von Autorenkollektiven.

Steuerlich ergeben sich keine Besonderheiten gegenüber dem Einzelautor.

4.2 Die Autoren-GbR

Wenn Sie sich mit einem oder mehreren anderen Autoren für ein oder mehrere Projekte zusammenschließen und gemeinsame Verträge und Abrechnungen haben, dann bilden Sie automatisch eine

Gesellschaft bürgerlichen Rechts, auch BGB-Gesellschaft genannt (§§ 705 ff. BGB).

4.2.1 Allgemeines zur Autoren-GbR

Die GbR ist auch für Freiberufler möglich und ändert nichts am steuerrechtlichen Freiberuflerstatus.

Zur Gründung sind zivilrechtlich keine besonderen Formalitäten notwendig, sie kann auch durch bloße mündliche Vereinbarung geschehen. Jedoch empfiehlt es sich, Ihre Vereinbarungen durch einen schriftlichen Vertrag zu fixieren, falls es später mal zu Differenzen unter den Gesellschaftern kommen sollte.

Ein Mindestkapital wird für die Gesellschaftsgründung nicht benötigt.

Die GbR ist eine Personengesellschaft, das heißt, jeder Gesellschafter haftet mit seinem Privatvermögen für alle Verbindlichkeiten der Gesellschaft. Im Innenverhältnis können zwar Sonderregelungen zum internen Ausgleich vereinbart werden, diese entbinden jedoch im Ernstfall nicht von der Haftung gegenüber Dritten.

4.2.2 Einkommensteuer

Die GbR ist, was die Einkommensteuer betrifft, keine eigene Rechtsperson. Dies führt zu der steuerlichen Konsequenz, dass die Gesellschaft selbst nicht Steuersubjekt der Einkommensteuer ist. Dies sind vielmehr Sie und Ihre Mitgesellschafter.

Der einkommensteuerliche Gewinn, den Ihre Autoren-GbR erzielt, wird „auf Ebene der Gesellschaft" nach den gleichen Methoden ermittelt, die auch für Sie als Einzelperson gelten.

Im Anschluss daran wird er dann nach „einheitlicher und gesonderter Gewinnfeststellung" in Höhe der zustehenden Anteile auf Sie und Ihre Mitgesellschafter verteilt. Die Besteuerung Ihres Gewinns erfolgt dann im Rahmen Ihrer persönlichen Einkommensteuererklärung.

4.2.3 Grundlagen- und Folgebescheide

Für Ihr zuständiges Finanzamt wäre es „doppelte Arbeit", wenn sie jeden Sachverhalt der Steuererklärung, der Ihren GbR-Anteil betrifft, für Ihren Einkommensteuerbescheid selbst ermitteln müsste. Dies deshalb, weil bereits ein anderes Finanzamt bei der Feststellung des GbR-Gewinns vorher mit dem Fall befasst war.

Deshalb erlässt das zuerst ermittelnde Finanzamt einen Grundlagenbescheid, den das nachfolgende – also Ihr – Finanzamt in Ihren Einkommensteuerbescheid (Folgebescheid) „einbindet".

Beispiel:

Sie und Ihr Mitstreiter Schrift haben sich als Autorenduo zu der „Sie-und-Schrift-Autoren-GbR" zusammengeschlossen. Für diese wird eine Gewinnermittlung aufgestellt. Über Ihren Gewinnanteil sowie den von Schrift im Rahmen der Autoren-GbR ergeht ein Gewinnfeststellungsbescheid vom zuständigen Finanzamt 1. Dieser bildet den Grundlagenbescheid für die Einkommensteuerbescheide (Folgebescheide) für Sie durch Ihr zuständiges Finanzamt 2X und Gesellschafter Schrift durch dessen Finanzamt 2Y.

„Rechtsbehelfsbelehrung
[...] Hinweis: Entscheidungen in einem Grundlagenbescheid (z. B. Feststellungsbescheid) können nur durch Anfechtung des Grundlagenbescheids, nicht auch durch Anfechtung eines davon abhängigen weiteren Bescheids (Folgebescheid) angegriffen werden."

Dies bedeutet, dass Entscheidungen im Grundlagenbescheid (Feststellungsbescheid der GbR) nur in diesem mit dem Einspruch angefochten werden können, nicht in den Folgebescheiden (Einkommensteuerbescheide der Gesellschafter) (§ 351 Abs. 2 AO).

Fortsetzung Beispiel:

Sie-und-Schrift-Autoren-GbR
- Gewinnfeststellungsbescheid der GbR = Grundlagenbescheid
- Entscheidungen/Fehler können nur dort angegriffen werden.

Gesellschafter Sie und Schrift
- Einkommensteuerbescheid Sie = Folgebescheid
- Einkommensteuerbescheid Schrift = Folgebescheid
- Entscheidungen/Fehler können jeweils nur dort angegriffen werden.

Wenn Ihnen nun auffällt, dass ein Teil der Reisekosten für die Autoren-GbR nicht berücksichtigt wurde, können Sie dies nur beim Gewinnfeststellungsbescheid der GbR anfechten, nicht jedoch bei Ihrer persönlichen Einkommensteuererklärung.

„**Rechtsbehelfsbelehrung**
[…] Wird ein Grundlagenbescheid berichtigt, geändert oder aufgehoben (z. B. aufgrund eines eingelegten Einspruchs), so werden die davon abhängigen Bescheide von Amts wegen geändert oder aufgehoben. …"

Fortsetzung Beispiel:

Wenn also die Reisekosten im Grundlagenbescheid der Sie-und-Schrift-Autoren-GbR nachträglich anerkannt werden, dann werden die in den Einkommensteuerbescheiden der Gesellschafter übernommenen Gewinne automatisch angepasst (§ 175 Abs. 1 Nr. 1 AO).

4.2.4 Umsatzsteuer

Im Gegensatz zur Einkommensteuer ist die GbR umsatzsteuerrechtlich ein eigenes Rechtssubjekt. Die Rechnungen für Einnahmen werden durch die GbR ausgestellt, die Ausgabenrechnungen müssen auf den Namen der GbR lauten, damit diese die Vorsteuer vom Finanzamt erstattet verlangen kann.

Ansonsten gelten die Ausführungen zur Umsatzsteuer (2).

5. Die ersten Schritte

Hier Informationen zur Steuernummer und zur Anmeldung Ihrer selbständigen Arbeit als Autor.

5.1 Welche Steuernummer wofür?

Derzeit (Stand 2016) gibt es vier Steuernummern:

5.1.1 Die Persönliche Identifikationsnummer

haben Sie „von der Wiege bis zur Bahre". Sie dient der steuerlichen Erfassung jedes in Deutschland wohnenden Bürgers.

5.1.2 Die Steuernummer

erhalten Sie von Ihrem zuständigen Finanzamt. Sie gilt beispielsweise für Ihre Einkommen- und Umsatzsteuer. Sie ist in jeder Steuererklärung anzugeben. Wenn Sie noch keine haben, schreiben Sie ins Feld Steuernummer: „neu". Die Steuernummer kann sich ändern, wenn Sie das Finanzamt wechseln.

5.1.3 Die Umsatzsteuer Identifikationsnummer

ist nicht nur für manche Umsätze im Ausland notwendig, sondern Sie können sie auch statt Ihrer Steuernummer ins Impressum schreiben.

Sie können die USt-IdNr. Entweder bei der Anmeldung Ihrer Autorentätigkeit oder auch zu einem späteren Zeitpunkt beantragen. Alle wichtigen Informationen finden Sie hier:
http://www.bzst.de
-> Startseite -> Steuern International -> USt-Identifikationsnummer

5.1.4 Die eTin

für Arbeitnehmer, wird auf der Lohnsteuerkarte vermerkt.

5.2   Anmeldung Ihrer Autorentätigkeit

Als Autor haben Sie Umsätze aus selbständiger Arbeit. Darüber müssen Sie das Finanzamt informieren. Theoretisch muss dies innerhalb eines Monats nach Aufnahme der selbständigen Tätigkeit geschehen.
Nun ist es aber bei Autoren oft schwierig, den Anfangszeitpunkt zu bestimmen. Deshalb sind die Finanzämter in diesem Fall in der Regel ziemlich

kulant. Spätestens in der Steuererklärung für das Jahr des Beginns (bzw. der ersten Einnahmen) sollten Sie aber dann die Einkünfte angeben, denn sonst kann es teuer werden.

Hinweis: Wenn Sie neben Ihrer Autorentätigkeit noch Arbeitnehmer sind, gilt die 410 €-Grenze (siehe 1.1.4).

Sobald das Finanzamt von Ihrer selbständigen Arbeit erfahren hat, erhalten Sie einen **Fragebogen zur Steuerlichen Erfassung**.

Hier müssen Sie neben Ihren persönlichen Daten insbesondere folgendes angeben:

Fett gedruckt = Zeile im Formular
Normal gedruckt = meine Erläuterungen.

Allgemeine Angaben

- **Art der Tätigkeit**
  dient zur Ermittlung der Einkunftsart)
  (siehe 1.1)

Angaben zur ... selbständigen (freiberuflichen) ... Tätigkeit

- **Beginn der Tätigkeit**

- **Gründungsform**
  bei Autoren in der Regel Neugründung

Angaben zur Festsetzung der Vorauszahlungen (Einkommensteuer)

- **Voraussichtliche Einkünfte aus selbständiger Arbeit**
  wenn Sie z. B. schon einen Verlagsvertrag haben, der Ihnen einen Vorschuss garantiert; oder wenn Sie ein festes Planziel haben.
  Hinweis: Einkünfte = Einnahmen abzüglich Ausgaben.

Angaben zur Gewinnermittlung

- **Angaben zur Gewinnermittlungsart**
  bei Autoren in der Regel nicht Bilanz, sondern Einnahmen-Überschuss-Rechnung (siehe 1.5.2)

- **Liegt ein vom Kalenderjahr abweichendes Wirtschaftsjahr vor**
  in der Regel nein; denn auch wenn Sie Ihr Unternehmen als Autor erst zur Jahresmitte starten, ist zwar das erste Jahr ein „Rumpfwirtschaftsjahr", das zweite dann jedoch das Kalenderjahr.

Angaben zur Anmeldung und Abführung der Umsatzsteuer

- **Summe der Umsätze (geschätzt)**

- **Kleinunternehmerregelung**
  (siehe 2.1)

- **Steuerbefreiung**
  für alle oder Teile Ihrer Umsätze (siehe 2.2.1), falls Sie das zur Zeit der Betriebsgründung schon wissen

- **Steuersatz**
  da Sie bei Büchern (2.4.2) sowie zum Teil bei Lesungen (2.4.3) und Hörbüchern (2.4.4) den ermäßigten Steuersatz geltend machen können, greift hier in der Regel § 12 Abs. 2 Nr. 7 UStG

  Wenn Ihr Buch jedoch ausschließlich als E-Book erscheint (unterliegt derzeit – Stand 2016 – dem Regelsteuersatz (2.4.1)) und Sie auch keine Lesung planen, dann unterliegen Ihre Umsätze nicht dem ermäßigten Steuersatz.
  Wenn Sie jetzt „nein" ankreuzen hindert Sie das natürlich nicht daran, später auch ermäßigte Umsätze auszuführen.

- **Durchschnittssatzbesteuerung**
  falls Sie sich hierfür entscheiden (2.7.2)

- **Soll-/Ist-Versteuerung der Entgelte**

als Autor regelmäßig Antrag auf Ist-Versteuerung als Angehöriger freier Berufe (siehe 2.5)

- **Umsatzsteuer-Identifikationsnummer** (5.1.3)

Angaben zur Beteiligung an einer Personengesellschaft/-gemeinschaft
falls Sie Mitglied einer Autoren-GbR sind (siehe 4.2).

6. Künstlersozialkasse (KSK)

Bei Gesprächen mit Autoren fällt immer wieder der Begriff „Künstlersozialkasse". „Doch was bringt sie mir eigentlich und wie komme ich rein?" Damit beschäftigen sich die folgenden Seiten.

6.1 Was bringt die KSK für Sie als Autor?

Durch die KSK werden Sie als selbständiger Autor in den Schutz der gesetzlichen Sozialversicherung und Krankenkasse einbezogen.

Sie tragen als Autor nur etwa die Hälfte ihrer Beiträge selbst – die andere übernimmt die KSK – und Sie sind so ähnlich günstig gestellt wie Arbeitnehmer.

Und natürlich können Sie Ihre Beiträge zur KSK, genauso wie die Ausgaben zur Sozialversicherung und die Krankenkassenbeiträge, als Sonderausgaben steuerlich geltend machen.

Da die nach dem Künstlersozialversicherungsgesetz versicherten Künstler und Publizisten Pflichtbeiträge zur gesetzlichen Rentenversicherung zahlen, haben Sie auch Anspruch auf Förderung Ihrer Riester-Rente.

Es besteht übrigens kein Zwang, Ihre private Krankenversicherung aufzugeben; privat Krankenversicherte erhalten einen Zuschuss zu ihren Versicherungsaufwendungen, der an das Jahreseinkommen aus künstlerischer Tätigkeit gekoppelt ist.

6.2 Wer kommt rein?

Die KSK differenziert zum einen nach den Berufsgruppen, zum anderen nach der Art der Tätigkeit.

6.2.1 Berufsgruppen

Die KSK teilt ihre Mitglieder in vier Berufsgruppen auf:

- Musik (M);

- Bildende Kunst/Design (B);

- Darstellende Kunst (D);

- Wort (W).

Im für Sie als Autor relevanten Bereich Wort gibt es folgende Untergruppen:

- Schriftsteller (W01);

- Autor für Bühne, Film, Funk und Fernsehen (W02);

- Lektor (W03);

- Journalist, Redakteur (W04);

- Bildjournalist, Bildberichterstatter, Pressefotograf (W05);

- Kritiker (W06);

- Wissenschaftlicher Autor (W07);

- Fachmann/-frau für Öffentlichkeitsarbeit oder Werbung (W08);

- Übersetzer, Bearbeiter (W09);

- Pädagoge, Ausbilder im Bereich Publizistik (W10);

- Ähnliche selbständige publizistische Tätigkeit (W19).

6.2.2 Art der Tätigkeit

Die KSK differenziert nach der Art der Tätigkeit:

- Es muss sich um eine selbständige Tätigkeit handeln, also nicht um eine Tätigkeit als Arbeitnehmer.

- Die Tätigkeit muss erwerbsmäßig durchgeführt werden, also auf Dauer angelegt sein und zur Erzielung von Einnahmen dienen.

- Es darf sich somit nicht um „Liebhaberei" (1.2) handeln.

- Es darf im Rahmen der selbständigen erwerbsmäßigen Tätigkeit nicht mehr als ein Arbeitnehmer beschäftigt werden.

6.2.3 Mindesteinkommen

Mit der Tätigkeit muss ein Mindesteinkommen erzielt werden. Dies beträgt ab 2004:

- 325,00 € monatlich;

- 3.900,00 € jährlich in den Fällen, in denen sich kein monatliches Einkommen ermitteln lässt.

Unter Einkommen versteht die KSK:

Einnahmen
- Ausgaben
= Einkommen

Also das Ergebnis Ihrer Einnahmen-Ausgaben-Rechnung.

Wenn Sie „knapp an der Grenze" sind, ist hier Vorsicht geboten, um zu vermeiden, dass Sie aus der KSK ausgeschlossen bzw. gar nicht angenommen werden.

- Ein Weg, dies zu vermeiden, kann sein, Ihre Ausgaben zu verringern. Beispiele für mögliche Maßnahmen finden Sie im Kapitel „Wie lässt sich Liebhaberei vermeiden" (1.2.2).

- Beruht die Unterschreitung auf einem Fehler im Steuerbescheid (z B. Angaben aus Autorentätigkeit zu niedrig angesetzt), lässt sich das durch einen Antrag auf schlichte Änderung beheben (siehe Hinweis in 3.5.2).

Hinweis für Berufsanfänger:

- Als Berufsanfänger sind Sie in den ersten drei Jahren nach erstmaliger Aufnahme der selbständigen künstlerischen oder publizistischen Tätigkeit vom Mindesteinkommen befreit.

- Die 3-Jahresfrist verlängert sich um Zeiten, in denen die Versicherungspflicht nach dem KSVG unterbrochen war, weil die selbständige

Tätigkeit z. B. wegen Kindererziehung, Wehr- oder Zivildienstes oder wegen einer abhängigen Beschäftigung nicht ausgeübt wurde.

Für Nichtmehr-Berufsanfänger gilt, dass das Mindesteinkommen innerhalb von sechs Jahren bis zu zweimal unterschritten werden kann.

6.2.4 Vorsicht bei sonstigem Einkommen

Einkommen (Einnahmen minus Ausgaben), das nicht in den Bereich der KSK fällt, ist nur in begrenzter Höhe zulässig. Dies sind ab 2004:

450,00 € monatlich;

5.400,00 € jährlich in den Fällen, in denen sich kein monatliches Einkommen ermitteln lässt.

6.3 Beitragssätze

Die Beitragssätze betragen für 2016:

- zur gesetzlichen Rentenversicherung 18,7 %

- zur gesetzlichen Krankenversicherung 14,6 %

- zur sozialen Pflegeversicherung 2,35 % (für Eltern) bzw. 2,60 % (für Kinderlose).

Davon trägt die KSK die Hälfte.

Bei einem Jahreseinkommen (Einnahmen minus Ausgaben) von 10.000 € kommen Sie auf einen monatlichen Gesamtbeitrag von rund 150 €.

Hinweis: 2017 sinken die Beiträge ein bisschen.

6.4 Autoren als Auftraggeber und KSK

Als Autor profitieren Sie nicht nur von der KSK, es kann Sie auch selbst die Entrichtungspflicht treffen.

Als Autor sind Sie abgabepflichtig, wenn sie regelmäßig von Künstlern oder Publizisten erbrachte Werke oder Leistungen für das eigene Unternehmen nicht nur gelegentlich nutzen, um im Zusammenhang mit dieser Nutzung (mittelbar oder unmittelbar) Einnahmen zu erzielen.

Hierunter fallen z. B.:

- Coverdesigner,

- Lektorate,

- Musiker,

- Schauspieler.

Nicht nur gelegentlich bedeutet:

- Die Gesamtsumme aller Entgelte an selbständige Künstler und Publizisten im Kalenderjahr ist größer als 450 € netto oder

- Es handelt sich um mehr als drei Veranstaltungen im Kalenderjahr.

Hinweis: Sie können diese Abgaben bei Ihrer Einkommensteuererklärung als Betriebsausgaben geltend machen (siehe 1.4.2).

6.5 Weitere Informationen

Weitere Informationen finden Sie auf der Website der KSK:
http://www.kuenstlersozialkasse.de/
Dort können Sie sich gegebenenfalls auch den Aufnahmeantrag herunterladen.

7. Förderungen

Auch für Autoren gibt es zahlreiche Förderungsmöglichkeiten, die jedoch sowohl von der persönlichen Situation des Autors als auch vom Ort der Antragstellung abhängen. Deshalb beschränken sich die Ausführungen auf die Existenzgründungsförderung (7.1) sowie auf (nicht abschließende) Hinweise zu weiteren Informations- und Förderungsmöglichkeiten (7.2).

7.1 Existenzgründungsförderung

Die Existenzgründungsförderung ist ein Gründungszuschuss der Bundesagentur für Arbeit. Dieser ist dazu gedacht, den Start von der Arbeitslosigkeit in die Selbständigkeit zu ermöglichen bzw. zu erleichtern.

7.1.1 Voraussetzungen für den Antrag

Die Förderung kann beantragen (Stand 2016), wer:

- arbeitslos gemeldet ist und

- noch Anspruch auf Arbeitslosengeld von mindestens 150 Tagen hat.

Hinweis 1: Ein direkter Übergang von einer Beschäftigung in die geförderte Selbstständigkeit ist nicht möglich.

Hinweis 2: Unbedingt vor Aufnahme der freiberuflichen Tätigkeit den Antrag auf Existenzgründungvorgang stellen!!!

Die zu fördernde Tätigkeit muss:

- mindestens 15 Stunden wöchentlich betragen und

- zur Beendigung der Arbeitslosigkeit führen.

Darzulegende fachliche Voraussetzungen:

Die notwendigen Kenntnisse und Fähigkeiten zur Ausübung der selbständigen Tätigkeit müssen dargelegt werden.

Ist meine Existenzgründung tragfähig?

Die Agentur für Arbeit verlangt einen Nachweis der Tragfähigkeit der Existenzgründung, insbesondere einen Businessplan und ein Gutachten von fachkundiger Stelle.

7.1.2 Erfolgsaussichten beim Antrag

Der Gründungszuschuss steht im Ermessen der Arbeitsagentur, welches insbesondere folgende Tatsachen berücksichtigt:

- Was wird am Arbeitsmarkt gerade „gesucht"?

- Wie stehen die Chancen auf nachhaltige berufliche Integration?

Bei den Nachweisen gilt: Alles, was da ist, kann – in der Regel – helfen:

- Verträge (Agentur- und/oder Verlagsvertrag);

- Erreichte Abschlüsse (Germanistik-/Literaturwissenschaftsstudium oder themenbezogener Abschluss);

- Besuchte Fortbildungen (Schreibseminare oder themenbezogen);

- Interessenten (potenzielle Leser);

- Erlangte Auszeichnungen (Wettbewerbsgewinne oder Nominierungen);

- Kursleitertätigkeit (VHS, Verein);

- Sonstige relevante Aktivitäten.

7.1.3 Höhe und Dauer des Zuschusses

Der Zuschuss gliedert sich in zwei Abschnitte:

- Sechs Monate Zuschuss in Höhe des zuletzt bezogenen Arbeitslosengeldes zur Sicherung des Lebensunterhalts und 300 € zur sozialen Absicherung.

- Weitere neun Monate 300 € pro Monat zur sozialen Absicherung, wenn eine intensive Geschäftstätigkeit und hauptberufliche unternehmerische Aktivitäten dargelegt werden.

Eine erneute Förderung ist nicht möglich, wenn seit dem Ende einer Förderung der Aufnahme einer selbständigen Tätigkeit nach dem SGB III noch nicht 24 Monate vergangen sind.

7.1.4 Weitere Informationen

Weitere Informationen finden Sie auf der Website der Arbeitsagentur:
http://www.arbeitsagentur.de
-> Startseite -> Bürgerinnen & Bürger -> Finanzielle Hilfe -> Existenzgründung

Dort können Sie sich gegebenenfalls auch eine speziell auf Sie zugeschnittene Beratung beantragen.

7.2 Liste Informations- und Förderungsmöglichkeiten

- Beratung seitens der Bundesagentur für Arbeit

- Banken

- Förderkredite

- Zuschüsse

    - Bund

    - Länder

- Stipendien

    - Ansässigkeitsstipendium, z. B. Stadtschreiber

    - Arbeitsstipendium

    http://www.literaturport.de
    -> Startseite -> Preise & Stipendien

- Crowd-Funding
  http://www.crowdfunding.de/

- Tipps zur Förderung und Finanzierung vom Bundesministerium für Wirtschaft und Energie: Welche Förderprogramme gibt es? Für welche Zwecke kommen sie in Frage? Wer kann gefördert werden? Welche Finanzierungsmöglichkeiten gibt es?
  http://www.existenzgruender.de

- Existenzgründungsförderung durch die KFW (Kreditanstalt für Wiederaufbau)
  https://www.kfw.de

8. Hinweise für Ihren Steuerberater

„Ich bin Autor – Was sollte mein Steuerberater über das Alltägliche hinaus berücksichtigen?"

Bei Ihnen als Autor gibt es einiges zu beachten und nicht jeder Steuerberater ist auf Ihre Berufsgruppe spezialisiert. Deshalb nachfolgend einige Hinweise, die Sie Ihrem Steuerberater mit auf den Weg geben können.

8.1 Einkommensteuer

Hinweis auf die Gefahr der gewerblichen Einkünfte, wenn Sie z. B. noch nebenbei einen Eigenverlag betreiben (1.1.2).

Hinweis auf die Problematik der Gewinnerzielungsabsicht/Liebhaberei (1.2 und 1.4.8.3).

Behandlung von Preisgeldern aus Ausschreibungen und Stipendien (1.3.1.3).

Hinweis auf eventuelle Steuerbefreiungen nach der Übungsleiter- bzw. Ehrenamtspauschale (1.3.1.7 und 1.3.1.8).

Hinweis auf autorenspezifische Betriebsausgaben

und Argumentationen, beispielsweise

- Schriftstellerausbildung (1.4.1)

- Autorentypische Reisen (1.4.3)

- Bücher und Zeitschriften (1.4.6)

- Coaching, Lektorat, Korrektorat und Design (1.4.2).

8.2   Umsatzsteuer

Hinweis auf steuerfreie Umsätze (2.2.1).

Hinweis auf Umsatzsteuersätze bei Lesungen und Hörbüchern (2.4.3 und 2.4.4).

Hinweis auf Vorsteueraufteilung (2.7.1.2).

Hinweis auf die Durchschnittssätze für die Vorsteuer (2.7.2).

8.3   Steuerbescheid

Besteht ein Vorläufigkeitsvermerk hinsichtlich der Gewinnerzielungsabsicht als Autor (3.4.2)? Ist dieser rechtmäßig? Wie kann dem entgegengesteuert werden (1.2 und 1.4.8.3)?

8.4 Künstlersozialkasse

Hinweis auf mögliche Kollisionen mit den „steuerberatenden Zielen":

Steueroptimale Gewinnermittlung contra KSK-Mindesteinkommen.

- Ihr Steuerberater wird versuchen, Ihren Gewinn aus Autorentätigkeit im Rahmen des rechtlich Zulässigen weitest möglich „herunterzurechnen", damit Sie möglichst wenig Steuern zahlen müssen.

- Das kann jedoch zum Ausschluss aus der KSK führen, wenn Ihr Jahreseinkommen als Autor die Grenze von 3.900 € unterschreitet (6.2.3).

Fehler im Bescheid zu Ihren Gunsten contra KSK-Mindesteinkommen

- In der Regel wird Ihr Steuerberater vom Finanzamt verursachte Fehler im Steuerbescheid, die zu einer für Sie niedrigeren Steuer führen, nicht vom Finanzamt berichtigen lassen.

- Das kann jedoch zum Ausschluss aus der KSK führen, wenn Ihr Jahreseinkommen als Autor die Grenze von 3.900 € unterschreitet (6.2.3).

9. Abkürzungsverzeichnis

AO ... Abgabenordnung
EStDV ... Einkommensteuerdurchführungsverordnung
EStG ... Einkommensteuergesetz
UStDV ... Umsatzsteuerdurchführungsverordnung
UStG ... Umsatzsteuergesetz

Abs. ... Absatz
Nr. ... Nummer
S. ... Satz